大切な人が亡くなったときの

心のこもった

葬儀・法要のあいさつと手紙マナー&文例集

杉本祐子 著

JN032964

主婦の友社

はじめに

葬儀の形式は多様化し、香典返しの方法も変わりつつあります

◆実家の宗派・教団を確認しておきましょう

日本では、葬儀の9割は仏式で行われます。しかし、お寺との日常的なおつきあいが少ないと、正確な宗派名を知らないかたもいることでしょう。たとえば「浄土真宗」といっても、東本願寺が本山の真宗大谷派（通称お東）、西本願寺が本山の本願寺派（通称お西）のほか、多くの教団があります。宗派や教団が違えば、祭壇のととのえ方も異なります。いまのうちに実家の菩提寺（宗派により呼称は異なる）の連絡先と正式な宗派教団名を確かめておきましょう。

◆「家族葬」や葬儀を行わない「直葬（ちょくそう・じきそう）」がふえています

全国的なデータでは伝統的な一般葬が優勢ですが、「家族葬」「直葬」は確実にふえています。故郷を離れて暮らす人の多い都市部では半数が家族葬、さらに首都圏では、全体の2割が直葬というデータもあります。一般葬以外の方法で見

送るときは、あいさつや手紙で関係者に断りを入れるのがよいでしょう。

◆通夜・葬儀告別式の日に香典返し品を渡す「当日返し」も一般的に

従来は、当日に「返礼品」を手渡し、四十九日法要のあとに、あいさつ状とともに「香典返し品」を贈るのがならわしでした。最近は「当日返し」ですませるケースがふえ、トラブルのもとになっているため、参列者に渡すお礼状で説明することをおすすめします。

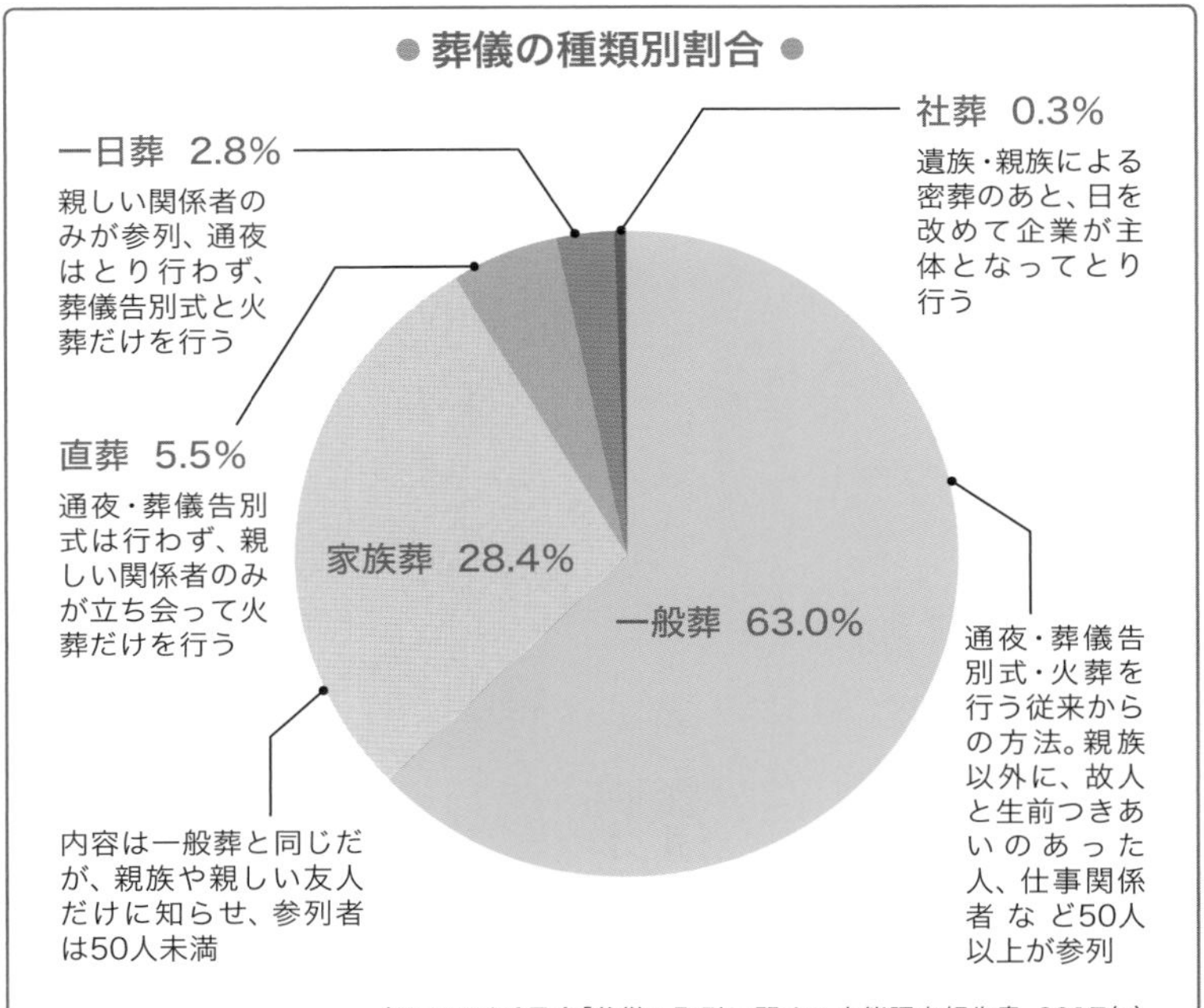
● 葬儀の種類別割合 ●
社葬 0.3%
遺族・親族による密葬のあと、日を改めて企業が主体となってとり行う
一日葬 2.8%
親しい関係者のみが参列、通夜はとり行わず、葬儀告別式と火葬だけを行う
直葬 5.5%
通夜・葬儀告別式は行わず、親しい関係者のみが立ち会って火葬だけを行う
家族葬 28.4%
一般葬 63.0%
通夜・葬儀告別式・火葬を行う従来からの方法。親族以外に、故人と生前つきあいのあった人、仕事関係者など50人以上が参列
内容は一般葬と同じだが、親族や親しい友人だけに知らせ、参列者は50人未満
（公正取引委員会「葬儀の取引に関する実態調査報告書」2017年）

目次

目次

PART 3 遺族が出す手紙とあいさつ状

PART 4 法要のあいさつと手紙 …… 135

PART 5 遺族と参列者の服装・お金・お参りのマナー …… 157

本書の使い方

文例

文例は、あいさつをする場合、手紙として出す場合の2種類を紹介しています。それぞれのページに、どういうシチュエーションで行うあいさつか、または出す手紙かが説明されているので、確認したうえで参考にしてください。

ポイント

あいさつや手紙の文例を考えるコツをあげています。文例を自分なりにアレンジしたい場合には、まずここを読んでから行ってください。

文例のアイコンの意味

文例をもとにして、より目的に合った文章を作成するためのさまざまなヒントです。

文例のアイコンの意味

■ 応用

文例の文章を自分のシチュエーションに合わせて書きかえるときの表現例を紹介しています。

◆ なるほどMEMO

文例中の言葉についての説明や背景について説明しています。

♥ マナー

葬儀・法要時に関して、あいさつをしたり、手紙を書いたりする際のマナーについて述べています。

♣ 話し方

あいさつをするときに、少し間をあけたほうが、聞き手に印象的になるとか、こんな感じにしたほうがよいという提案をしています。

★ 注意点

あいさつや手紙での表現について、考えておかなければいけないことや、あいさつの前にしておいたほうがよい準備について、説明しています。

PART 1

いざというときの大まかな流れを把握しておきましょう

愛する家族が、永遠の眠りにつく——

その深い悲しみにひたる間もなく、遺された人は葬儀に向けての準備を始めなくてはなりません。また、葬儀が終わっても、すぐにしなければならない手続きや手配があります。まず､葬儀を出すことになったときのスケジュールや行うべきことの全容を頭に入れておくと安心です。

STEP 1

危篤～死亡当日

遺体を自宅または斎場へ運ぶ手配をします

遺体はいったん自宅に安置するのがならわしでしたが、最近はスペースや葬儀日程との関係から、直接斎場（柩保管施設）に搬送するケースがふえています。

状況	行うこと（●は全員、▲は必要に応じて）	注意点・補足
危篤	▲医師に連絡する（自宅の場合）	
	●家族、親族、友人など会わせておきたい人に連絡する	
	●菩提寺など、宗教者の連絡先を確認する	
	●当座の現金を準備しておく	本人の口座は一部のみ解約可
臨終	▲末期《まつご》の水をとる	浄土真宗では行わない
	●清拭《せいしき》（遺体を清めること）を行う	通常は病院スタッフが行う
	●遺体を搬送する場所を決める（自宅または斎場）	
	●清拭の間に葬儀社に連絡し、遺体の搬送を依頼する	
	●菩提寺など、宗教者に連絡する	危篤の時点で知らせる場合もある
	●家族、近親者に死亡を知らせる	
	●病院の医師から死亡診断書を受けとる	死因によっては「死体検案書」と呼ぶ
	●病院の会計をすませる	夜間休日の場合は後日

遺体の安置	●遺体を北枕に寝かせる（葬儀社が指示してくれる）	
	●枕飾り（遺体の枕元に仏具や供物をおく）をする	葬儀社が行ってくれるが宗派や地域によって慣習が異なる
	▲神棚の扉を閉めて半紙を貼る「神棚封じ」をする	神棚のある家が行う
	●お坊さんに枕経（枕勤め）をあげてもらう	読経《どきょう》後お布施や戒名料について打ち合わせる
	●自宅に弔問に訪れる人に対応する	文例は48ページ～
葬儀の準備	●喪主、世話役、受付などの分担を決める	
	●通夜・葬儀告別式の日時と場所を決める	
	●親族や仕事関係者などに、葬儀の日時と場所を知らせる	
	●弔辞奉読《ちょうじほうどく》を行う場合は、依頼する	
	●死亡届（死亡診断書と同一用紙）を市区町村役場に提出する（葬儀社に代行してもらうとよい）	
	●祭壇、棺、霊柩車などを手配する	事前に見積もりをとることが望ましい
	●会葬者数を予測し、会葬御礼の文書や返礼品を手配する ※葬儀社からは「当日返し」をすすめられることが多いが、慎重な検討が必要	110ページ参照
	●遺影を準備する	
	▲貸衣装、着つけ、美容などを手配する	
	●留守宅の施錠管理・または居残る人を決める	
日程の調整	▲「友引《ともびき》」の日を避けるための仮通夜を行う	
	▲葬儀まで日程があくときは遺体の保管の手配	火葬場の不足などにより葬儀を延期する必要も発生する

STEP 2

死亡の翌日（斎場・火葬場のあき状況や暦によっては翌々日以降）

遺体を斎場に運び、納棺して通夜を行います

暦が友引の日には葬儀を避けることが多く、この場合は「仮通夜」の1日をはさみます。これは「友を（死に）引く」という縁起の問題と、火葬場が休みのことが多いという現実問題からです。また、斎場・火葬場が不足している都市部では、数日以上待たなければ葬儀を行えないケースも珍しくありません。

一般的な葬儀日程

死亡当日	安置
死亡の翌日	通夜
死亡の翌々日	葬儀告別式、火葬

葬儀の日が「友引」の場合

死亡当日	安置
死亡の翌日	仮通夜
死亡の翌々日（友引）	通夜
死亡日を含めて4日目	葬儀告別式、火葬

斎場・火葬場の都合で7日後に葬儀を行う場合

死亡当日から5日間	安置（柩保管施設など）
死亡日を含めて6日目	通夜
死亡日を含めて7日目	葬儀告別式、火葬

納棺	▲湯灌《ゆかん》（故人の体を洗い清める儀式）を行う	追加料金が発生するため慎重に検討する
	▲エンバーミング（遺体を美しく衛生的に保存）を行う	
	●納棺（死に装束を着せて棺におさめる）	装束は宗派で異なる

● 通夜の進行（18時開始の場合）

- 17:00　受付開始
- ↓
- 17:30　僧侶の到着
- ↓
- 17:45　遺族、近親者着席
- ↓
- 18:00　僧侶入場、読経開始
  読経の中、遺族、近親者、一般参列者の順に焼香
- ↓
- 18:40　僧侶の法話（説教）、終了後退場
- ↓
- 18:55　喪主あいさつ　文例は54ページ～
- ↓
- 19:00　通夜終了、一般参列者は退席
  退席時にお悔やみのあいさつを受けるので返礼
- ↓
- 19:15　通夜ぶるまい開始、喪主はあいさつ　文例は66ページ～
- ↓
- 21:00　通夜ぶるまい終了、喪主はあいさつ　文例は68ページ～
- ↓
- 終了後　遺族、近親者による棺守り（線香を絶やさない）　斎場によっては宿泊設備がないため帰宅

葬儀の確認チェックリスト

- □ 火葬場に同行する人数／還骨法要に参列する人数の確認（通夜ぶるまいの間に確認し、人数分の「火葬場での食事」「還骨法要後の食事」「引き物」を手配する）
- □ 火葬場への配車の手配（人数により台数が異なる）
- □ 斎場の座席数を調整する
- □ 葬儀告別式の席次を確認する（17ページ参照）
- □ 焼香の順序を決める
- □ 弔辞の依頼先と順序を確認する
- □ 弔電《ちょうでん》拝読の範囲と順序を決める（電文読み上げは1～3通、ほかは氏名のみ）
- □ 「火葬許可証」の所在を確認する（火葬時に必要）

通夜の準備	
●供花《くげ》、供物《くもつ》の飾り方と順序、会葬礼状と返礼品の数量を確認する	
●僧侶が到着したら控え室に案内し、打ち合わせを行う ①祭壇のととのえ方は正しいか ②通夜・葬儀告別式の進め方は正しいか ③還骨《かんこつ》法要後の会食の出欠	③で欠席の場合は「御膳料」を準備する

STEP 3

死亡の翌々日（斎場・火葬場のあき状況や暦によっては4日目以降）

葬儀では参列者の席次や焼香順に注意します

葬儀でトラブルになりがちなのが「席次」と「焼香の順番」です。トップは葬儀委員長（いなければ喪主）、つづいて故人と関係の深い順となります。しかし「喪主の次は本家（親族代表）」「配偶者より血縁重視」と考える人もいるため、順番に不満が出るケースも発生します。親族の代表的な立場の人と相談しながら決めるのが賢明です。

● 葬儀告別式の進行

- 9:00　受付開始
- 9:30　僧侶の到着
- 9:45　遺族・近親者着席
- 10:00　開会の辞（世話役または葬儀社スタッフが司会をする）
  - 僧侶入場、読経開始（引導）
  - 読経の中、遺族、近親者、一般参列者の順に焼香（通常は祭壇前で1人ずつ行うため順番を決めておく）
  - 僧侶退場
  - 弔辞拝受
  - 弔電拝読・奉呈
- 10:45　閉会の辞
- 10:50　遺族、近親者による故人との最後の対面（棺に「別れ花」を入れるのが一般的）
  - 棺を運び出し、霊柩車に乗せる
  - 遺族は遺影、白木の仮位牌を持って棺のあとにつづく
- 11:00　喪主あいさつ
  - 出棺（一般参列者は合掌して見送る）

注意点・補足
小規模葬儀では弔辞と弔電は省略することも

注意点・補足
近年は、棺の蓋に釘を打つ儀式は行わない傾向に

注意点・補足
文例は72ページ～

● 通夜・葬儀告別式の席次

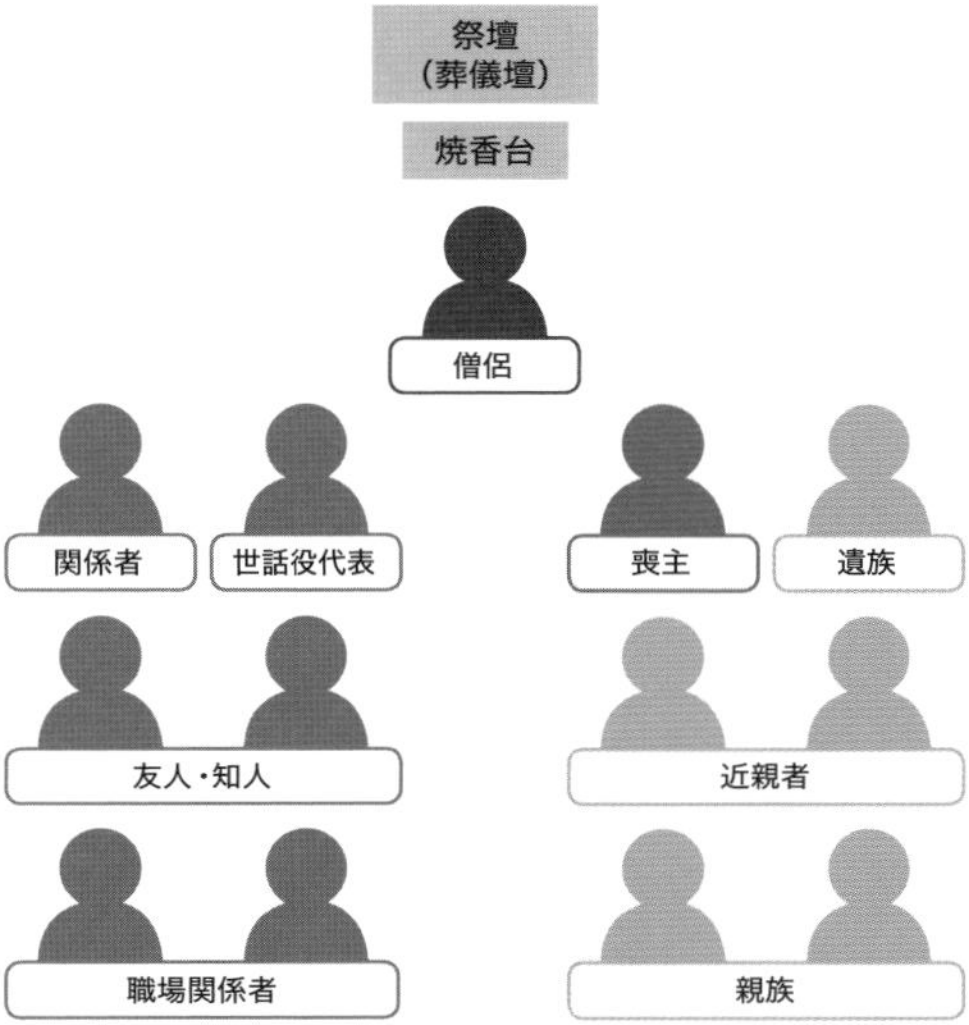

● 霊柩車での一般的な席次
(車の仕様や地域の慣習によっても異なり、棺を先頭にするという考え方から、喪主・遺族も後続のバスなどに乗るケースもあります)

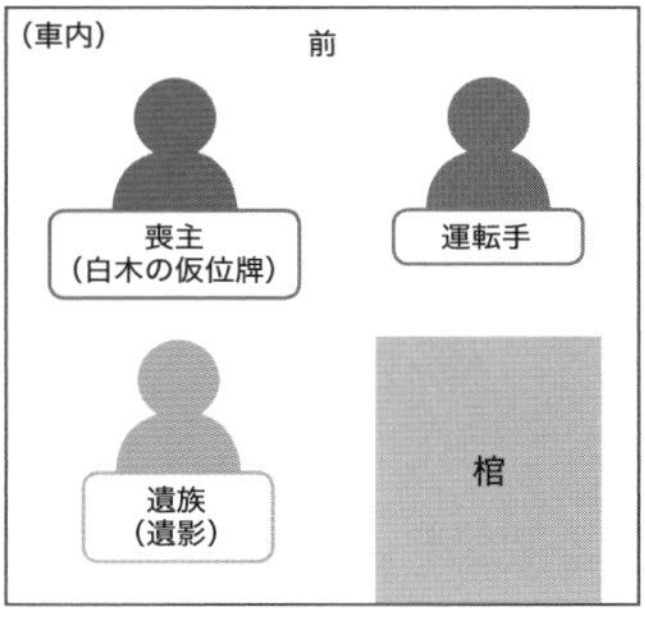

伝統的な出棺時のしきたりにも留意する

地域によって「出棺のとき、故人が使っていた茶碗を割る」「火葬場への行きと帰りは違う道を通る」などの風習があります。事前に葬儀社や、親族の中の年長者などに確認しておきましょう。

STEP 4

葬儀当日・出棺後

火葬→還骨法要→精進落としで葬儀は終了

当日は、斎場で葬儀→火葬場→斎場に戻り、還骨法要・精進落とし→帰宅という流れです。火葬場への距離にもよりますが、まる一日かかると考えましょう。

● **出棺後の流れ**

11:00	出棺・喪主あいさつ
12:00	火葬場到着（斎場から火葬場まで１時間として。所要時間によって以降のスケジュールは前後する） 読経（僧侶が同行しない場合は省略） 火葬開始（所要時間１～２時間。同行者は控え室で昼食または軽食をとりながら待機）
13:30	骨《こつ》揚げ
14:00	火葬場出発
15:00	斎場または自宅到着 還骨法要（「後《あと》飾り祭壇」に遺骨、仮位牌、遺影を安置し、僧侶に読経してもらう） 初七日《しょなぬか》法要（還骨法要と併せ、繰り上げて営むことが多い） 僧侶にお布施を渡す（タイミングについては事前に確認） 僧侶と、四十九日法要について打ち合わせる
15:30	精進落とし開始・喪主あいさつ 注意点・補足 文例は92ページ
17:30	精進落とし終了・喪主あいさつ 注意点・補足 文例は98ページ 散会（出席者には、引き物をお持ち帰りいただく）
18:30	帰宅、後飾り祭壇を設置し、遺骨、仮位牌、遺影を安置する 葬儀社からの引き継ぎを行う（左ページのチェックリスト参照）
1週間以内	葬儀社への支払い（通常は一括で振り込みまたは手渡し） 葬儀費用の記録を整理する（領収証は一括で保管）

精進落としとは

仏教では、四十九日法要までを「忌中《きちゅう》」、その後を「忌明《きあ》け」とします。忌中の間は、肉や魚などの「生臭もの」を避ける精進料理をとり、忌明けに通常の食事に戻すのが、本来の「精進落とし」です。しかし、現在は、葬儀当日に行う、繰り上げ初七日法要後の会食を「精進落とし」と呼ぶのが一般的です。地域によっては「仕上げ」「忌中引き」「(還骨法要後の)お斎《とき》」などとも呼びます。「お斎」とは、仏教では食事全般のことをさす表現です。

葬儀社から引き継ぐことチェックリスト

- □ 香典(現金)
- □ 香典帳
- □ 香典包み(不祝儀袋)
  ※上の３つに記載の金額を照合し、正しいことを必ずチェックしておく。
- □ 供花・供物の記録帳
- □ 弔辞
- □ 弔電
- □ 会計簿
- □ 葬儀社を通じて依頼した業者(仕出し、生花、会葬礼状、返礼品など)の領収証
  ※葬儀費用は、相続税の控除対象になるので、領収書は保管しておくこと。
- □ 葬儀料金の請求書(見積額と照合し、不明点は確認すること)

STEP 5

葬儀終了後 ❶

お世話になった人へのあいさつは1週間以内に

喪主・遺族が現役社会人の場合は、慶弔《けいちょう》休暇(親や配偶者が亡くなった場合は5〜7日のことが多い)内に、あいさつや手続きをできるだけすませます。

お世話になった人へのあいさつ一覧

あいさつ	どのように	何を
寺院	お布施を渡していない場合(文例は102ページ)	お布施
世話役	当日、お礼を述べてお車代を渡す(文例は104ページ)	1万〜2万円の現金
弔辞献呈者	お礼の電話または手紙を出す(文例は105ページ)	金品は基本的に不要
病院	支払いをすませ、医師と看護師にお礼(文例は105ページ)	金品を受けとらない場合もある
介護施設	退所扱いにしていたときは報告とお礼(文例は105ページ)	小分けできるお菓子や飲み物など
故人の職場	手続きに出向き、お礼のあいさつをして私物を持ち帰る(文例は106ページ)	
町内会	回覧板などで訃報の連絡を行っている場合には連絡	故人名、死亡日など
近隣の家	駐車や弔問客の出入りで迷惑をかけた場合に	菓子折りなど

多くの人に必要な手続きチェックリスト

手続き	手続きの内容と対象者	期限
市区町村役場	□死亡届　※火葬がすんでいるなら提出ずみ	7日以内
	□世帯主変更届　※故人が世帯主で、同居家族が複数の場合	14日以内
	□国民健康保険資格喪失手続き ※故人が75歳以上なら全員	14日以内
	□健康保険からの葬祭費などの申請	時効2年
	□故人の印鑑登録証、マイナンバーカードなどの返還	
お金に関すること	□高額療養費の支給申請	受診の翌月1日〜2年以内
	□健康保険からの葬祭費・埋葬料などの申請	
	□生命保険金の受けとり	
	□団体信用生命保険での住宅ローン完済 ※故人が返済中のとき	
年金	□受給停止と未支給年金の請求手続き	
	□遺族年金の請求手続き	
名義変更	□電気・ガス・水道・電話・NHKなどの契約名義変更	
相続	□相続人の確定と遺言の有無の確認	
	□相続放棄・限定承認	3カ月以内
	□準確定申告 ※故人が確定申告をしていたとき	4カ月以内
	□遺産分割協議(どのように分けるかの話し合い)	
	□預貯金の相続手続き	
	□不動産の相続手続き(相続登記)	
	□自動車、ゴルフ会員権などの相続手続き	
	□相続税の申告・納税	10カ月以内

STEP 6

葬儀終了後 ❷

法要の機会を把握して、日程を確認します

法要とは、故人の供養のために行う仏事とされます。通常は、読経のあとで、故人を偲びながら会食をします。この会食までを一般に「法事」と呼びます。

初七日法要は、遺族と参列者双方の負担を軽減するため、葬儀の当日に繰り上げて行うことが多くなりました。しかし、本来の初七日、二七日〜六七日にも、自宅でお経をあげてもらうのが最善です。七七日忌(四十九日)と一周忌、三回忌は大事な節目なので、親族や故人と縁のあった人を招いて営みます。

左ページの表の節目のほか、次の機会にも自宅でお経をあげてもらうとていねいです。

◆月参り(故人の月命日=命日が3月9日なら毎月9日)

◆初盆・新盆(四十九日の忌明けを過ぎてから初めて迎えるお盆)

◆彼岸参り・盆参り(毎年の春秋の彼岸=春分・秋分の日の前後=とお盆)

七回忌以降は、徐々に身内だけで営むようになります。遺族も高齢になるため、三十三回忌(または五十回忌)が「弔い上げ」の節目とされています。

名称	規模	行う時期	日程（西暦で書き入れましょう）
命日		亡くなった日	年　月　日
初七日《しょなぬか》忌	★★	死後７日目	年　月　日
二七日《ふたなぬか》忌	★	死後14日目	年　月　日
三七日《みなぬか》忌	★	死後21日目	年　月　日
四七日《よなぬか》忌	★	死後28日目	年　月　日
五七日《いつなぬか》忌	★	死後35日目	年　月　日
六七日《むなぬか》忌	★	死後42日目	年　月　日
七七日《なななぬか》忌（四十九日忌／満中陰《まんちゅういん》）	★★★	死後49日目	年　月　日
百か日忌	★★	死後100日目	年　月　日
一周忌	★★★	死後満１年目	年　月　日
三回忌	★★★	死後満２年目	年　月　日
七回忌	★★	死後満６年目	年　月　日
十三回忌	★	死後満12年目	年　月　日
十七回忌	★	死後満16年目	年　月　日
二十三回忌	★	死後満22年目	年　月　日
（二十五回忌※）	★	死後満24年目	年　月　日
二十七回忌	★	死後満26年目	年　月　日
三十三回忌	★★	死後満32年目	年　月　日
三十七回忌	★	死後満36年目	年　月　日
五十回忌	★★	死後満49年目	年　月　日

※浄土真宗では、二十三回忌、二十七回忌ではなく、二十五回忌を営むのが正式です。

STEP 7

葬儀終了後❸

四十九日法要の手配をします

故人が成仏するとされる「忌明け」の節目

仏教では、死後四十九日間を「現世《げんせ》」と「来世《らいせ》」の間として「中陰」と呼びます。四十九日忌は、中陰が満ちて故人が成仏する重要な節目で、これをもって「忌明け」とします。ただし、亡くなったのが月の下旬の場合、中陰が3カ月にわたるときは、「三月↓死が身につく」という連想を嫌って五七日忌(35日目)で忌明けとすることもあります。また、そもそも五七日忌で忌明けにする慣習の地域もありますので、親族や葬儀社に確認しましょう。

お坊さんと日程の調整をすることからスタート

四十九日忌に向けて、次のように準備を進めましょう。

1. 法要の施主の決定(通常は、葬儀の喪主が施主となる)
2. 法要の日時と場所の決定

❶日取り：死後49日目の当日、または参列者の集まりやすい休日

❷時間：僧侶の都合と進め方（納骨も同日に行うか否か）で検討
❸場所：自宅、寺院、ホテル、料理店などで営むことが多い
を早めに決定します。葬儀の日に、僧侶のご都合を伺っておくと効率的です。

3．法要の案内（電話または文書。文例は139ページ）

4．本位牌の手配（浄土真宗以外）
後飾り祭壇にある白木の位牌は「仮位牌」です。仏具店で、塗りの「本位牌」を作ってもらいます。ただし、浄土真宗では、位牌を用いないので不要です。

5．納骨の手配（28ページ参照）

6．香典返しの手配（30ページ参照）

7．法要出席者の人数の確定
人数分の食事と、引き物（出席への返礼品）を手配します。引き物のかけ紙は香典返し（31ページ）と同様ですが、表書きは「志」または「粗供養」とします。

8．法要時のお布施の準備（必要なら「御車料」「御膳料」も）

9．法要時の供物・供花の手配

10．形見分けの準備
故人の遺品は、再利用したり、人にさし上げたりします。

STEP 8

葬儀終了後④

自宅では後飾り祭壇にお参りします

一般的な後飾り祭壇のととのえ方

四十九日法要までは、後飾り祭壇(中陰壇とも呼ぶ)に、遺骨や仮位牌、遺影などを飾り、毎日ろうそくをともし、お線香をあげてお参りします。

祭壇のととのえ方は、宗派やスペースにより異なりますが、通常は、還骨法要後に帰宅した際に葬儀社が設置してくれます。

葬儀に参列できなかったかたなどが自宅へ弔問にいらした場合は、この祭壇にお参りしてもらいます。供花などをいただいたときは、祭壇の左右に飾ります。

● 一般的な後飾り祭壇

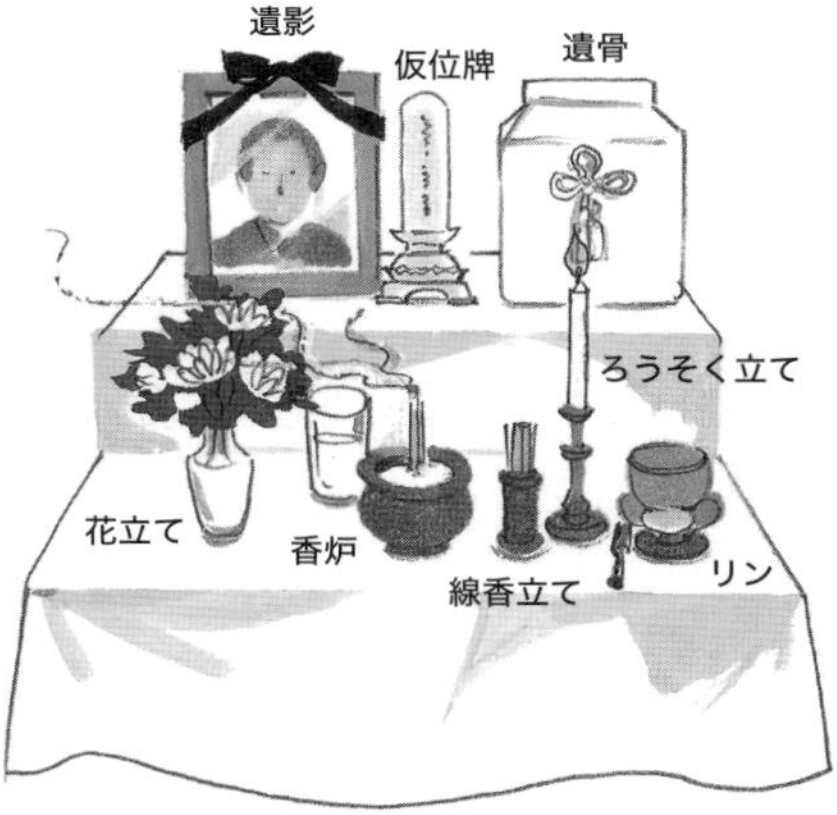
遺影
仮位牌
遺骨
ろうそく立て
花立て
香炉
線香立て
リン

仏壇がない場合は四十九日までに安置

伝統的な仏壇は、漆塗りで内側が金色の「塗り仏壇（金《かな》仏壇）」と、木目を生かした「唐木《からき》仏壇」の２種類に大別できます。このほか、最近は洋室にもマッチする「家具調仏壇」も人気があります。

浄土真宗では塗り仏壇が推奨されるものの、仏壇自体には、宗派による区別は基本的にありません。しかし、中に飾る仏具は、宗派の教義や願いを象徴するもので、宗派・教団や地域によって大きく違います。新しく仏壇を迎えるときは、そのための法要（開眼《かいげん》法要などと呼ぶ）も必要なので、購入の前に僧侶に相談することで、購入も安置もスムーズに進みます。

● 塗り仏壇（金仏壇）

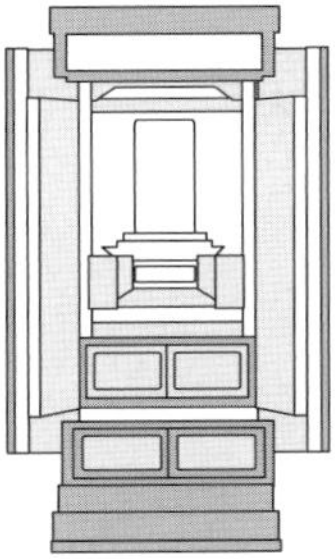

● 唐木仏壇

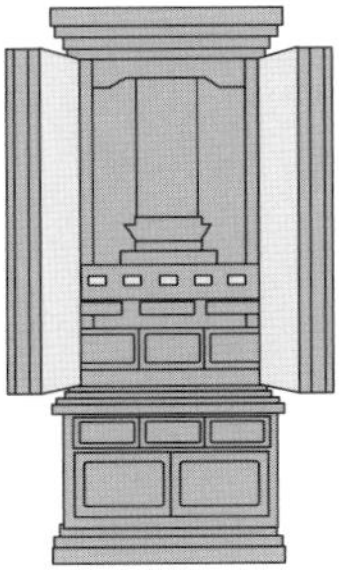

● 家具調仏壇

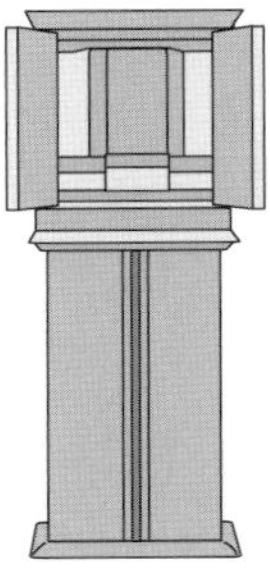

STEP 9

葬儀終了後❺

墓があれば納骨、なければ墓を建てる準備を

墓があるときは、四十九日法要と同日に納骨するのが一般的

四十九日法要と納骨の兼ね合いは「墓の有無」「先祖の入っている墓か、新しい墓か」によって違ってきます。

四十九日の時点で墓がない場合、法要後は寺院の納骨堂などに遺骨を預け、一周忌までに墓を建てて納骨することを目ざします。

「法要の場所」「墓地」「会食の場所」が離れている場合は、余裕を持って時間を設定しましょう。

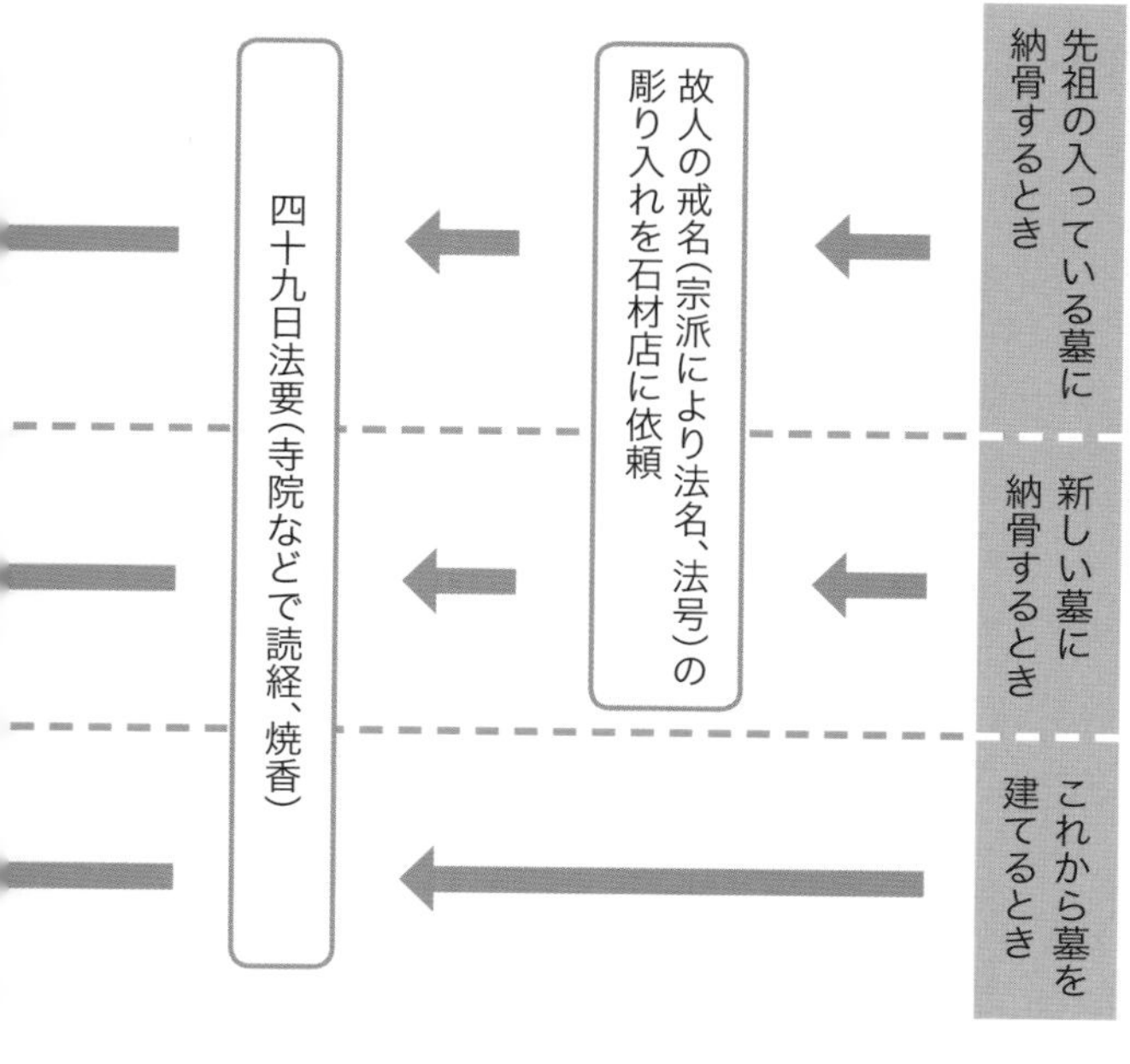
先祖の入っている墓に納骨するとき
新しい墓に納骨するとき
これから墓を建てるとき
故人の戒名(宗派により法名、法号)の彫り入れを石材店に依頼
四十九日法要(寺院などで読経、焼香)

納骨の日に持参するものチェックリスト

- □ 遺骨　□ 遺影　□ 位牌
- □ 埋葬許可証（骨箱の上にのせられていることが多いので確認）
- □ 墓所使用許可証
- □ 供花・供物・線香など　□ 数珠
- □ 印鑑（手続きに必要な場合も）
- □ 僧侶へのお布施、必要に応じて「御車料」「御膳料」「御塔婆料」
- □ 花立てなどの備品のチェックと墓掃除（周囲の草刈りなど）
- □ 必要に応じて、石材店や墓地管理者への心づけ
- □ （石材店が立ち会わない場合は）遺骨を包む布、軍手など

納骨の準備チェックリスト

- □ 僧侶へ納骨式（と四十九日法要）を依頼する
- □ 必要に応じて、僧侶に卒塔婆作成を依頼する（宗派により不要）
- □ 墓地の管理事務所に納骨の日時を伝え、必要な手続きをとる
- □ 石材店に、故人の戒名(宗派により法名、法号)の彫り入れを依頼
- □ 必要に応じて、石材店に納骨を依頼（墓石をずらす作業が必要）
- □ 花立てなどの備品のチェックと墓掃除（周囲の草刈りなど）
- □ 必要に応じて、参列者の移動用マイクロバスなどを手配

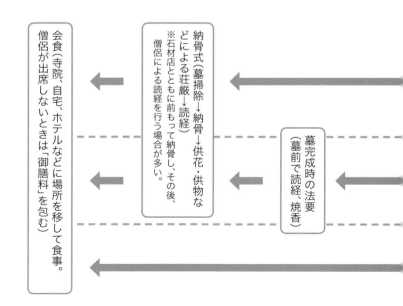

墓完成時の法要（墓前で読経、焼香）

納骨式（墓掃除→納骨→供花・供物などによる荘厳→読経）

※石材店とともに前もって納骨し、その後、僧侶による読経を行う場合が多い。

会食（寺院、自宅、ホテルなどに場所を移して食事。僧侶が出席しないときは「御膳料」を包む）

STEP 10

葬儀終了後 ❻

四十九日法要後に送る香典返しの準備をします

「当日返し」+「香典返し」が必要な場合も

葬儀の参列者に、どのような返礼品を渡したかで、左ページの図のように、四十九日後の「香典返し」の方法が違ってきます。

香典返しは、単なる「いただいた香典へのお返し」ではなく、「四十九日法要を滞りなく営み忌明けしました」という、けじめのあいさつなのです。

近年ふえている当日返しは、送付リストの作成や発送の手間を軽減するメリットはありますが、「少額の香典のかたへは忌明けのあいさつなし」という、やや礼儀を欠いた方法であることを頭に入れておきましょう。

不幸をあとに残さないよう「消え物」を贈る

香典返しの品は、食べたり飲んだりして「消える」ものや、日常よく使う「消耗品」が適しています。

好適品	日本茶、のり、タオル、寝具、洗剤など
不適品	置物、生鮮食品(肉や魚などの生臭いもの)、おめでたいイメージのもの(こぶ・かつお節・ワインなど)、おめでたい名前のもの(「福」「寿」などの文字が含まれる品)、おめでたい色(赤や金など)のパッケージのもの

本来の香典返しと「当日返し」の違い

	本来の方法	当日返し（即日返しとも）	
葬儀の参列者へ	「会葬御礼」（お礼状と数百円程度の品）	「当日返し」（お礼状と2000〜3000円の品）	
四十九日法要後	全員へ	1（または2）万円以上の香典のかたへ	1（または2）万円未満の香典のかたへ
	忌明けあいさつ状＋香典返し品（いただいた香典の1/3〜半額程度）	忌明けあいさつ状＋香典返し品（いただいた香典の1/3〜半額程度）	何も送らない

香典返しのととのえ方

包装紙：不祝儀用または地味な色合い

水　引：黒白（京都の文化が伝わる地域では黄白）結びきり

表書き：志（東日本）／満中陰《まんちゅういん》志《こころざし》（西日本）

※「志」の表書きは仏式以外でも使える。

STEP 11

四十九日法要

法要・納骨・会食の場所に応じて段取りを調整

移動時間を考慮しながらスケジュールを組む

納骨を同日に行う場合は、法要→納骨→会食の順に進めます。法要は寺院、納骨は墓地、会食はホテルなど、別々の場所で行うときは、移動時間を含めて開始時間を考えましょう。遺族や参列者の状況によっては、納骨を別の日に近親者だけで行う方法も考えられます。ちなみに、法要と納骨式は別の仏事で、僧侶の装束も異なるため、一度に営むことはできません。お布施も別々に用意するのが基本です(施主あいさつの文例は146ページ)。

法要当日の流れの例

僧侶の都合をまず確認し、法要の時間を軸に、納骨・会食の段取りを決めます。ただし、法要の時間により、会食の開始時間が極端に早くなったり遅くなったりするときは、納骨を別の日に行うなどの調整を検討します。

● A 「法要」「納骨」「会食の場所」が異なる場合

10:30 四十九日法要
施主による開会の辞
読経・焼香・法話
施主あいさつ
↓
11:15 法要終了、墓地へ移動(移動時間30分として)
↓
11:45 納骨式(読経、焼香)
↓
12:15 納骨式終了、会食会場へ移動(移動時間30分として)
↓
12:45 会食開始 施主あいさつ、献杯、参列者のスピーチ
↓
14:45 会食終了 施主あいさつのあと、散会

● B 寺院で「法要」と「納骨」、「会食の場所」は別の場合

11:00 四十九日法要(次第はAと同じ)
↓
11:45 納骨式(終了後移動)
↓
12:45 会食開始 施主あいさつ、献杯、参列者のスピーチ
↓
14:45 会食終了 施主あいさつのあと、散会

● C 「納骨」は行わず 1カ所で「法要」と「会食」を行う場合

(一周忌以降の法要は、この形式が多い)

11:00 四十九日法要(次第はAと同じ)
↓
11:45 会食開始 施主あいさつ、献杯、参列者のスピーチ
↓
13:45 会食終了 施主あいさつのあと、散会

STEP 12

一周忌法要以降

法要は、命日前の休日に営むのが一般的です

法要を休日に営む場合は、命日より繰り上げるのがしきたり

たとえば命日が9月10日なら、1年後の同日（祥月命日《しょうつき》）に一周忌を営むのが本来の方法です。しかし、10日が平日で参列者が集まりにくいときは、9日以前の休日などに繰り上げて営み、繰り下げるのはよくないとされています。

この慣習は「法要の意義は追善供養である」という考えにもとづくものです。ある仏教経典には「故人の来世での行く先は、初七日から三回忌まで十回にわたる裁判で決する」と書かれています。その裁判の前に、法要という善行をすることで、故人の行く先がよい場所になることを願うのです。裁判が行われる命日よりあとに法要を営んでも「時、すでに遅し」。これが「繰り下げてはいけない」とされる論拠となっています。

なお、浄土真宗ではこのような裁判とは関係なく往生できるとの考えから、繰り下げても問題ないとされています。

法要準備のタイムスケジュールとチェックリスト

60日前	□場所の検討（自宅／寺院／ホテルなど） □日程の検討（命日が平日で、人が集まりにくい場合は、繰り上げて休日に行うのが一般的） □寺院への依頼 □日程と場所の決定 （ホテルなど別会場の場合は僧侶の控え室も用意する）
40〜50日前	□案内状を制作、発送（小規模の場合は電話でも） ※案内状の文例は140ページ
15日前	□出欠の確認、出席者数確定 □僧侶が会食に出席してくれるかどうかの確認（出席しない場合は「御膳料」を包む） □人数分の食事の手配 □人数分の引き物（返礼品）の手配 ※黒白（京都の文化が伝わる地域では黄白）結びきりの水引に「志」または「粗供養」の表書き □必要に応じて、着つけや美容の手配
5日前	□供花・供物の手配 □喪服や小物の準備
前日まで	□僧侶に渡す「御布施」、 必要に応じて「御車料」「御膳料」の準備
当日	□開始1時間前には身支度をととのえ、僧侶や参列者を迎える準備をする

仏式以外の場合の流れ

仏式以外の宗教でも、儀式の呼び方こそ違うものの、宗教者のもとで葬儀を行い、火葬するという流れは同じです。なお、「忌《き》明《あ》け」という考え方をしない宗教でも、日本の慣習にならって香典返しを行う人が多数派です。

<table>
<tr><td>仏式</td><td>神式</td><td>キリスト教
（カトリックの場合）</td><td>キリスト教
（プロテスタントの場合）</td></tr>
<tr><td>僧侶に葬儀を依頼</td><td>神職による
帰幽（きゆう）奉告
の儀</td><td>危篤の段階で
神父による
「塗油（とゆ）の秘跡」</td><td>危篤の段階で
牧師による
聖餐（せいさん）式</td></tr>
<tr><td>通夜</td><td>通夜祭・遷霊祭</td><td>通夜の祈り</td><td>前夜式</td></tr>
<tr><td>葬儀告別式</td><td>葬場（そうじょう）祭</td><td>葬儀ミサ</td><td>葬儀</td></tr>
<tr><td>焼香</td><td>玉串奉奠</td><td>献花</td><td>献花</td></tr>
<tr><td>出棺</td><td>出棺祭・後祓いの儀</td><td>出棺の祈り</td><td>出棺式</td></tr>
<tr><td>火葬</td><td>火葬祭</td><td>火葬</td><td>火葬前式</td></tr>
<tr><td>還骨法要</td><td>帰家祭</td><td rowspan="4">特に行わない</td><td rowspan="4">特に行わない</td></tr>
<tr><td></td><td>帰家修祓の儀</td></tr>
<tr><td>精進落とし</td><td>直会（なおらい）</td></tr>
<tr><td>納骨式（納骨法要）</td><td>埋葬祭</td></tr>
<tr><td rowspan="2">四十九日法要
（忌明け）</td><td rowspan="2">五十日祭（忌明け）</td><td>1カ月目の追悼ミサ</td><td>1カ月目の召天記念日</td></tr>
<tr><td colspan="2">（忌明けの概念はないが、この後に香典返しや納骨をすることが多い）</td></tr>
</table>

PART
2

葬儀を行うことになったときの連絡とあいさつ

自宅で弔問《ちょうもん》を受けるとき、通夜、その後の通夜ぶるまい、そして葬儀の際には、喪主が会葬してくださったかたに向けてあいさつをします。「来てくださってありがとうございます」というメッセージのほかに、遺された人の率直な心情を語ることで、聞く人の心に響く、しみじみとしたあいさつになります。

「危篤」を近親者や勤務先へ知らせます

連絡の5W1H

● だれに

❶近親者（危篤に陥っている人の配偶者、子、孫、親、祖父母、きょうだい）

❷親族（親族の「本家」、日ごろからつきあいのある親族）

❸本人の親しい友人

❹本人の勤務先・学校

※知らせを聞いたら駆けつけるのがマナーなので、さほど親しくない人や遠方の人だと負担となります。「本人が会いたいと思うかどうか」を判断の目安にします。

● 何を

❶自分の名前

❷危篤に陥っている人の名前と自分との続柄

❸危篤に陥っている人のいる場所（○○病院○階○○科病棟○号室、最寄り駅と道順など）

❹連絡のつく電話番号（自分の携帯番号または病院の電話番号）

● どのように

相手の自宅→携帯→留守番電話の順に連絡。どれもつながらなければメールで。

文例

親族や知人へ危篤を知らせる

■朝早くから申しわけありません。○○○○の娘の△△△です。実は、昨晩、父の容体が急変しまして、担当医によれば本日がヤマではないかとのことです。よろしければ、いまのうちに会っていただけませんでしょうか。市立病院の7階内科病棟701号室におります。念のため、私の携帯番号を申し上げます。どうぞよろしくお願いいたします。

文例

勤務先へ危篤を知らせる

田中○○の妻です。いつもお世話になっております。突然の電話で恐縮ですが、実は昨晩、田中が自宅で倒れまして、救急車で搬送されました。医師によれば、くも膜下出血でかなり危ない状態とのことです。現在は、○○駅近くの○○病院3階の集中治療室におります。急なことで、会社の皆さまにはいろいろご迷惑をおかけいたしますが、とり急ぎご連絡申し上げます。

ポイント

危篤に陥った人の入院や体調不良を、相手が知っている場合は「容体が急変(悪化)し危篤」とします。発作や事故による場合は、経緯や病状を簡単に説明してから「危篤」を伝えます。

■応用

早朝深夜の連絡はわびる

緊急の連絡なので、早朝や深夜に電話してもかまいません。ただし、朝9時前なら「朝早くから」、夜9時以降は「夜分遅くに」というおわびの言葉を添えます。

死亡の連絡

葬儀社・近親者・寺院に連絡します

病院で亡くなったら、遺体の清拭《せいしき》の間に「どこへ運ぶか(自宅か斎場か)」「葬儀社をどこにするか」を決め、連絡します。

基本文例

葬儀社に遺体の搬送を依頼する

遺体の搬送(だけ)をお願いしたいのです。亡くなりましたのは○○一郎、私は娘の友子と申します(現在地、住所や電話番号を告げる)。到着は何時ごろになりますか。

応用文例

遺体を自宅以外へ搬送したいときの依頼

搬送をお願いしたいのですが、自宅が狭いため、◆直接斎場などへと考えております。ご対応は可能ですか。

基本文例

近親者へ死亡を知らせる

茨城の○○○○の娘です。父のこと、ご心配いただいてお

ポイント

生前に加入していた互助会などがあればそこに連絡し、なければ病院紹介の業者に搬送を依頼します。後者の場合、あらかじめ「搬送だけ」と断り、安置後に、ほかの業者にも見積もりを依頼して決定するのがよいでしょう。しかし、現実的には「相見積もりをとる」という段取りでは時間がかかります。できれば、事前に葬儀社と斎場の下調べをしておきたいものです。

りましたが、残念ながら先ほど息を引きとりました。葬儀の日程などは決まり次第あらためてご連絡いたしますが、とり急ぎお知らせをと思い、お電話した次第です。

基本文例

寺院(宗教者)へ連絡する

○○○○の長男で友一と申します。実は先ほど父が息を引きとり、自宅に戻ったところです。ご住職様に枕経をお願いしたいのですが、ご都合はいかがでしょうか。

応用文例

遠方の菩提寺へ連絡する

○○○○の娘です。ご無沙汰しております。実は、先ほど母が亡くなりました。父も療養中のため、東京で葬儀を行うことにいたします。ご住職様に遠方からお運びいただくのは恐縮ですので、♥当地のお寺をご紹介いただくことも考えておりますが、いかがいたしましょうか。

◆なるほどMEMO

自宅以外へ搬送したいとき

遺体安置室や保冷庫のある斎場、葬儀社、火葬場のいずれかに搬送することになります。その場合、搬送を行った葬儀社に葬儀全般を委ねることになりますから、依頼の段階で慎重に検討します。

♥マナー

菩提寺が郷里にあるときはまずそこに連絡する

①遠方から来てくれる場合相応の「御車料」を準備します。②菩提寺から同じ宗派の寺院を紹介してもらう場合戒名(宗派により法名、法号)は菩提寺がつけます。

葬儀の準備

葬儀社との打ち合わせを行います

打ち合わせは、葬儀社が「棺にはA、B、Cのランクがあります」などと写真で説明し、決めていきます。葬儀社は、営業のため、高いランクの選択と、湯灌やエンバーミングなどの追加をすすめることがあります。遺族側が「どんな葬儀にしたいのか」という考えをきちんと持ち、対応することが大事です。

遺族側が口にするのは控えたいNGワード

- × ふつうはどれを選びますか。
- × 人様が見て恥ずかしくないようにしてください。
- × 初めてでわからないことばかりです。
- × 何もわからないのでおまかせします。
- × 人並みにしてあげたいと思います。
- × 一般的なランクでお願いします。

気をつけたい営業ワード

- △ お父様(故人)もお喜びになるのでは？
- △ 最後ですから、きちんとしてさし上げてはいかがですか。
- △ お宅様でしたら、このぐらいのことはなさいませんと。
- △ 皆さん、だいたいはこのランクをお選びになります。
- △ あとから「しておけばよかった」というお宅が多いですね。

葬儀社と打ち合わせる「ランク」の項目例

1. 準備費用

□ 枕飾り　□ 遺体保管料(自宅以外に安置の場合)
□ ドライアイスの量(葬儀までの日数と天候による)
□ 湯灌《ゆかん》(遺体の清拭《せいしき》や入浴)の有無
□ 納棺師による着せかえ・化粧
□ エンバーミング(遺体衛生保存)の有無
□ 斎場使用料

2. 葬儀費用(見積書が「葬儀一式」の場合は、内容を確認すること)

□ 祭壇・祭壇周りの花と供物
□ 遺影(写真処理と花飾り)
□ 棺　□ 仮位牌　□ 焼香セット
□ 受付セット(看板、水引幕、提灯、庭飾り、テントなど)
□ 霊柩車・ハイヤー・マイクロバス
□ 司会者などの人件費

3. 返礼品ともてなしの費用

□ 会葬礼状(デザイン・文章・枚数)
□ 返礼品(品物・数量)
□ 通夜ぶるまいの料理と人数
□ 葬儀の日の朝食内容と人数
□ 火葬場での昼食(軽食)内容と人数
□ 還骨《かんこつ》法要後の会食内容と人数

4. 火葬費用

□ 火葬料(民営火葬場の場合、火葬炉を選択できる場合がある)
□ 火葬場の待合室使用料　□ 収骨容器(骨壺)

5. その他

□ 後飾《あとかざ》り祭壇
□ 寺院(宗教者)へのお布施(p.170参照)
□ お世話になったかたへの心づけ(p.172参照)

葬儀の準備

僧侶との打ち合わせを行います

1.檀家になっている菩提寺(宗派により檀那寺、お手次寺)が近くにある場合

41ページの文例のように、僧侶に「だれが亡くなったか」「遺体の安置場所」「到着予定時刻」を知らせます。連絡を受けた僧侶は安置場所に赴き、遺体の枕元でお経をあげる「枕経(枕勤め)」を行うのが仏教のしきたりです。

読経《どきょう》のあとは、葬儀社立ち会いのもと、次の点を打ち合わせます。

□通夜・葬儀の日程と場所

「通夜は○日、葬儀は翌△日に○○斎場でと考えておりますが、ご住職様のご都合はいかがでしょうか」と、必ず僧侶の都合を優先する尋ね方をします。僧侶が日程や場所に難色を示すときは、葬儀社に間に入ってもらい調整します。

□読経をお願いする僧侶の人数

僧侶の人数が多ければ、やはり相応のお布施が必要です。かといって「家族葬だから一人でいい」では寺院に対して失礼です。小規模な葬儀の場合は「ご住職様お一人のお経で見送りたいと考えておりますが」という方法もあります。

□戒名(宗派により法名・法号)をどうするか

□お布施の額（戒名料はお布施と同じ包みでよいか、別に包むか）
□故人の享年（死んだときの年齢）※宗派や地域により考え方が違うため確認
□精進落としへの出席の可否

「還骨《かんこつ》法要後は、ささやかなお斎《とき》（食事）をさし上げたいと存じますが、ご住職様のご都合はいかがでしょうか」と尋ねましょう。僧侶に対しては「精進落とし」という表現は使わないのが賢明です（19ページ参照）。また「直会《なおらい》」は神道で用いる表現です。

2. 遠方の菩提寺から、同じ宗派の寺院を紹介してもらう場合

「戒名（宗派により法名・法号）はご住職様からいただけるのでしょうか」と菩提寺に確認します。葬儀をお願いする寺院の僧侶が枕経（枕勤め）に訪れたら、日程と場所、僧侶の人数、お布施の額などを打ち合わせます。

3. 親族に確認しても、宗派や菩提寺がわからない場合

葬儀社から紹介してもらいます。この場合は、打ち合わせも葬儀社を介して行うのがよいでしょう。

葬儀の日程と場所を関係者に連絡します

連絡の５Ｗ１Ｈ

● だれに

❶近親者、危篤の連絡をした人
（臨終直後の通知→日程と場所の連絡の２段構えで）

❷故人と遺族の勤務先・学校・所属する団体など

❸町内会役員、近所の親しい家など

❹故人の友人（同級生や趣味の仲間など）

● いつ・どこで・何を

❶故人と自分の関係

❷故人の名前と亡くなった年齢

※「享年」の考え方は宗派によって違うため、僧侶に確認します。

❸死亡日時、死因

❹通夜、葬儀告別式の日程と場所

❺喪主の名前

❻仏式以外でとり行う場合は宗教・宗派

❼供物《くもつ》・供花《くげ》を辞退するときはその断り

● どのように

連絡事項が多いので、ＦＡＸまたはメールで流すのが適しています。

文例 **故人の友人へ葬儀の日程と場所を知らせる**

鈴木様と＊＊高校で同期だった○○○○の娘です。突然のお電話で失礼ですが、実は昨晩、療養中だった父が他界いたしました。通夜は明日3日、葬儀告別式は4日ですが、詳細はこの電話のあと、ファクシミリでお知らせいたします。恐れ入りますが、鈴木様のほかに親しかったかたがいらっしゃいましたら、ご連絡いただければありがたく存じます。どうぞよろしくお願いいたします。

文例 FAXやメールで訃報を流すとき

お知らせ

父○○○○儀、かねて病気療養中のところ、○月1日午後○時○分に永眠いたしました。享年81でございました。通夜・葬儀告別式は下記のとおり行います。生前のご厚誼に心より御礼を申し上げ、謹んでお知らせいたします。

記

1. 日時　通夜　　　　:○月3日(○)午後6時
　　　　葬儀告別式:○月4日(○)午前10時
2. 場所　○○斎場(所在地、電話、地図など)
3. その他　ご供花ご供物の儀はまことに勝手ながら固くご辞退申し上げます。

以上

喪主○○○○(故人との続柄、連絡先)

葬儀の準備

自宅弔問者へのあいさつ❶

葬儀の前にお悔やみに来たかたに対応します

基本文例

お悔やみを受けるあいさつ

ごていねいなお悔やみをいただきありがとうございます。生前はたいへんお世話になり、ほんとうに感謝いたしております。苦しむことなく旅立てたのが、せめてもの慰めと思っております。

応用文例

お見舞いを受けたお礼も述べる

お忙しい中、ごていねいにお悔やみいただき恐縮です。母の入院中は、何度もお見舞いをいただき、ありがとうございました。高橋様とお話ししたあとの母はほんとうにうれしそうでした。ずっと親しくしてくださいましたことを、家族としてもたいへんありがたく思っています。

ポイント

お悔やみへの返礼の言葉は、

①弔問へのお礼

②生前お世話になったお礼

③故人の最期の様子、または遺族(自分)の心境

の順で、お礼の言葉を主体に述べます。長々としたあいさつは不要で「ありがとうございます」と深く頭を下げるだけでも、気持ちはよく伝わるものです。

応用文例

故人の最期の様子を説明する

足元の悪い中、ごていねいなお悔やみをいただき、恐れ入ります。生前は、父のことをなにかとお心にかけてくださいまして、まことにありがとうございました。3週間ほど前までは自宅で過ごしておりましたが、思うように食事がとれなくなり、入院いたしました。2日前に容体が悪くなったのですが、最後までがんばってくれまして、遠方に住む息子たち家族の到着を待っていたかのように、眠るようにして息を引きとりました。

基本文例

故人との対面をすすめるとき

ご焼香ありがとうございました。

先月、山下様にお見舞いをいただいた際は、痛みがとても辛い時期でございまして、ご心配をおかけいたしましたね。いまはほんとうにおだやかな表情になって眠っております。よろしければ、父の顔を見て、お別れをしてくださいますでしょうか。

■応用

状況によって表現を調整

必要に応じて「お忙しいところを」「遠いところを」など、相手をねぎらう表現を添えます。

♥マナー

喪主は見送りに立たない

弔問客が帰るときに、喪主は見送らないというしきたりがあります。「不幸を持ち帰らせ」、不吉との説もありますが、遺体に付き添うことを優先させるべきだからでしょう。気になるときは「見送らないしきたりだそうですので失礼します」と言えばOKです。

葬儀の準備

自宅弔問者へのあいさつ❷

亡くなった原因によって表現をアレンジします

基本文例

病死の場合のあいさつ①

ごていねいなお悔やみをありがとうございます。入院中もお見舞いをいただき、感謝しております。薬の★副作用が強い時期がありまして、本人も相当がまんしていたのではないかと思うのですが、いつも明るく前向きでしたので、家族は、ずいぶん救われる思いがしたものです。

応用文例

病死の場合のあいさつ②

お悔やみをありがとうございます。しばらくは落ち着いた状態がつづいておりまして、家族も安心していたのですが、急に容体が悪化して、残念なことになりました。生前は、父がたいへんお世話になりまして、ほんとうにありがとうございました。

ポイント

遺族の悲しみをそのままあらわしてしまっては、弔問に訪れた人も対応に困ります。なるべく明るい要素を見つけて話しましょう。

★注意点

「辛い」「苦しい」などの表現はなるべく避ける

話す側も聞く側も悲しみが増します。「本人も辛かった」ではなく「がまんしていた」とするなど表現に注意を。

応用文例

老衰の場合のあいさつ

ごていねいなお悔やみをありがとうございます。年齢が年齢ですので、いつかこういう日が来ることは覚悟しておりましたが、やはり寂しいものですね。

応用文例

急死（事故や自死など）の場合のあいさつ

お忙しいところ、ありがとうございます。なにぶん突然のことで、家族も動転しております。◆行き届きませんが、どうかお許しください。

応用文例

若くして亡くなった場合のあいさつ

ごていねいに恐れ入ります。子どもがまだ小さいので、本人がいちばん無念だったと思います。

応用文例

子どもを亡くした場合のあいさつ

お忙しいところありがとうございます。短い間でしたが、♥この子なりに精一杯生きたのだと思っております。

◆なるほどMEMO

行き届かないことをおわびするとていねい

急な不幸に見舞われた遺族が、きちんとした対応ができないのは当然のことです。しかし、あいさつの中でおわびのニュアンスを込めると、ていねいな印象を与えます。

♥マナー

故人の生涯を肯定して

子どもに先立たれた親の嘆きと悲しみは、相手もよく理解しています。遺族側があえて「精一杯生きた」という前向きな表現を使うことで、相手の気持ちが楽になります。

通夜の日に行う喪主あいさつの基本

●斎場で18時開始の場合(例)

15:30〜17:00	遺族斎場入り
17:00	受付準備開始
17:30	僧侶到着

納棺を行うのが自宅か斎場か、また納棺の前に湯灌やエンバーミングを行うかどうかにより、斎場入りの時間は前後します。棺を祭壇に安置したら、遺族は控え室で待機します。

世話役などお手伝いの人がそろったら、控え室からあいさつに出向きます。

●世話役、受付係、お手伝いの人へのあいさつ

喪主の○○○○でございます。本日はお世話になります。どうぞよろしくお願いいたします。初めてのことで行き届きませんが、お気づきの点などあれば、なんでもおっしゃってください。

葬儀社が到着を知らせてくれるので、出迎えてあいさつし控え室へ案内します。

●僧侶へのあいさつ

お忙しい中、お運びいただきありがとうございます。本日はどうぞよろしくお願いいたします。控え室はこちらでございます。

17:45 遺族着席

通夜の開始前に、参列者がお悔やみを述べに来ることがあるので、手短に対応します。特定の人と長く話し込むのは控えましょう。

●参列者へのあいさつ

お忙しいところ、お越しいただきありがとうございます。

18:00 通夜開始

19:00 通夜終了

喪主は祭壇の前に立ち、通夜に参列してくれたかたへのお礼を述べます。あいさつでは、①会葬へのお礼　②最期の様子　③故人が生前お世話になったお礼　④遺族の心境などを話し、翌日の葬儀の案内をして結びます。

●通夜終了時の喪主あいさつ（文例は54ページ）

19:15 通夜ぶるまい開始

近親者は斎場に残って故人を偲びながら飲食します。冒頭に喪主があいさつし、ころ合いを見計らって終了を告げます。

●通夜ぶるまい開始のあいさつ（文例は66ページ）

21:00

●通夜ぶるまい終了のあいさつ（文例は68ページ）

通夜の喪主あいさつ❶　一般葬で高齢の親を見送るとき

皆さまの心で生きる「思い出寿命」はこれからも

会葬のお礼

　本日はお忙しいところ、ご会葬くださいまして、まことにありがとうございました。さらに、ご丁重なお悔みとご厚志を賜りまして、心から御礼を申し上げます。

最期の様子

　父は、昨日＊日の＊時＊＊分、私ども家族が見守る中で、静かに85歳の生涯を閉じました。長く灯りをともしつづけたろうそくがすっと燃え尽きるかのような静かな最期でございました。父を失ったことは、もちろん残念で悲しいのですが、苦しむことなく旅立てたのは、♥子どもといたしまして何よりの慰めになっております。

お礼

　皆さまには、父が生前たいへんお世話になり、ほんとうにありがとうございました。

　○○株式会社を定年まで勤め上げたのちは、関連の駐車場の管理の仕事に携わり、70を超えるまで社会的に現

ポイント

会場に、故人の知人や仕事関係者が多いようなら、その人たちに生前お世話になったお礼をメインにして述べると好印象を与えます。

♥マナー

聞き手が救われる気持ちになる表現を

最期を語る際、闘病の長さや痛みの辛さを語ると暗くなりすぎるので、なるべく明るい要素を見つけて話します。

生前の

役だったことが父の誇りでした。また、趣味の釣りやカラオケを通じてのお仲間にも恵まれ、最近まで充実した日々を過ごしておりました。

こうして晩年まで心豊かに過ごすことができましたのは、ひとえに皆さまがたのご厚情のおかげと、深く感謝いたしております。

遺族の心情

♣「思い出寿命」という言葉がございます。

他界したあとも、思い出してくれる人がいる限り、その人の心の中でずっと生きつづけるという意味です。皆さまがたにおかれましても、折にふれ、父のことを思い出していただければ、家族としてこんなにありがたいことはございません。

葬儀の案内・結び

なお、◆葬儀告別式は、明日午前11時から、この会場で行います。皆さまご多用中とは存じますが、ご都合がつきましたら、ご会葬いただければと存じます。なにとぞよろしくお願い申し上げます。

本日は、まことにありがとうございました。

♣話し方

間をとってゆっくり話す

印象的なフレーズや故人の発言などを紹介するときは、話す前に十分な間をとって、聞き手の注意をひきます。

◆なるほどMEMO

葬儀の時間案内は必須

翌日の葬儀告別式の開始時刻を告げ、参列をお願いする言葉で結びます。葬儀は、火葬場の予約時刻に合わせて行うため、地域によっては開始時刻が9～15時と葬儀ごとにまちまちになります。喪主あいさつの中でも、必ず時間の確認を行いましょう。

通夜の喪主あいさつ❷ 家族葬で伴侶を見送るとき

りっぱに生き抜いた夫を尊敬しています

会葬のお礼

皆さま、本日はなにかとご多用のところ、夫○○のためにお運びいただきまして、まことにありがとうございました。

生前のお礼

生前は、皆さまにたいへんお世話になり、また親しくさせていただきました。夫になりかわりまして、心より御礼を申し上げます。

最期の様子

2年前に、がんの告知を受けたときは、夫も私もやはり大きなショックを受けました。♣しかし、1週間もたたないうちに「大きなプロジェクトをまかされたようなものだな」と申すようになりました。在職中は仕事一筋だった夫らしい表現で、私はあきれたものです。しかし、夫はその言葉どおり、半年ほどかけて、いざというときの手配や手続きについて入念に調べ、家族のだれが見て

ポイント

家族葬の場合、「故人の遺志でこのような形式にした」と説明することで理解が得やすくなります。

♣話し方

前向きだった故人の話し方をまねて

故人が気持ちを切りかえたことを紹介する場面です。やや明るく、しっかりとした口調で話しましょう。

もわかるような形にまとめてくれたのです。
書類の結びは「葬儀は家族と、当地に住む親族だけで行うこと」とありました。そのような次第で、ご友人や元の同僚のかたにはお知らせすることなく、少人数で見送ることにさせていただいたのです。

遺族の心境

命に限りがあることを、だれもがわかってはおりますが、現実問題となるとなかなか冷静に対処できないものだと思います。夫はいっさいとり乱すことなく、りっぱに生き抜きました。♥妻が申すのもはばかられますが、尊敬しております。生きるということの意味を、あらためて教えてもらったような気がしております。

葬儀の案内・結び

◆なお、別室に軽いお食事をご用意しております。これだけの人数ですので、お時間の許すかたは、ごいっしょしていただければありがたく存じます。
明日の葬儀は、午前10時よりこちらの斎場で行います。こちらにつきましても、どうぞよろしくお願いいたします。本日は、まことにありがとうございました。

♥マナー

故人をたたえるときは謙遜表現をプラスして
喪主あいさつは、参列者にお礼を述べるのが目的です。故人をほめるときは「身内が言うのも恐縮ですが」という謙譲のニュアンスを込めると好感を与えます。

◆なるほどMEMO

通夜ぶるまいの案内は大規模な葬儀では、喪主あいさつの中で、通夜ぶるまいについてふれない場合もあります。しかし家族葬など人数が少ないときは、喪主の口から案内するのが自然です。

通夜の喪主あいさつ❸ 親が老衰で他界したとき

「大往生」などという旅立ち方はないのですね

会葬のお礼

皆さま、本日はお忙しい中、母のためにご会葬いただき、さらにはお心の込もったお悔やみの言葉を頂戴し、まことにありがとうございました。

心境

母は昭和初期生まれ、92歳での旅立ちとなりました。これまで、90を超えたかたのご葬儀に何度か参列いたしましたが、実は心の中で◆「大往生と言えるのではないか」「天寿を全うしたということだろう」と感じていたものです。

しかし、実際に母を失ってみると、遺された者は、そんな達観した気持ちになれないことがよくわかりました。心の底から悲しいのです。

そして自分でも思いがけず、心細さがあることにも気づき、驚きました。私は、すでに還暦を過ぎておりますが、それでも「これで、私が子どもでいられる場所はと

ポイント

親を失う悲しみと寂しさは、「高齢だったから」という理由で癒《い》えるものではありません。子どもとしての心情を率直に述べると、参列者の心に響くあいさつになります。

◆なるほどMEMO

「大往生」と「天寿を全う」は遺族だけが使える表現

「大往生」とは、安らかに死ぬこと、またはりっぱな死

遺族の

うとうなくなった」という、なんともいえない寂しさがあるのです。親がいるというだけで、私たちは、大きな安心感に包まれていたのだなということを、再認識させられた次第です。

ただ、このようなことばかり申しておりますと、母に「何言っているの、しっかりしなさい」と怒られそうです。これからは、父と天国で仲よく暮らしてほしい、そんな光景を想像することを遺された者の慰めとしたいと思っております。

生前のお礼

末になりましたが、生前、皆さまにはたいへんお世話になり、あらためてお礼申し上げます。療養中、私ども家族に対して、あたたかいねぎらいのお言葉を賜りましたことにも、深く感謝しております。

葬儀の案内・結び

なお、葬儀告別式は、明日の午後1時から当斎場にてとり行います。ご多用の折とは存じますが、ご会葬いただければ、まことにありがたく存じます。

に方をすることをさします。「天寿」は天から授けられた寿命のことで、存分に長生きした場合などに「天寿を全うした」と言うことがあります。しかし、このように死を容認するかのような表現を使えるのは、遺族だけです。故人がたとえ100歳を超えていたとしても、参列者が遺族に向かって「大往生ですね」「天寿を全うなさいましたね」と言うのは、たいへんに失礼なことです。なお「往生」は仏教用語ですから、仏式以外の葬儀で用いるのはふさわしくありません。

通夜の喪主あいさつ❹ 配偶者が病死したとき

皆さまのお見舞いに妻も励まされていました

会葬のお礼

ひとこと、ごあいさつを申し上げます。

本日は、お足元の悪い中、妻・真理子のためにお運びいただきまして、まことにありがとうございました。

最期の様子

真理子が、◆むずかしい病の宣告を受けたのは、2年ほど前のことです。当地には放射線治療を受けられる病院がなく、県立病院に入院して2カ月にわたる治療を受けつづけました。本人はさぞ不安だったと思うのですが、学生時代のご友人や趣味のお仲間がお見舞いに来てくださり、真理子もたいへん喜んでおりました。皆さまが明るく接してくださいましたおかげで、妻も元気をいただき、前向きに治療にとり組むようになったと記憶しております。本日も、ご友人やお仲間の皆さまにご会葬いただいておりますが、妻になりかわり、あらためて御礼を

ポイント

闘病生活が長く、多くの人からお見舞いを受けていたときは、その心づかいへのお礼も盛り込みます。

◆なるほどMEMO

具体的な病名は伏せても

現在は、あいさつの中で病状をはっきり説明する傾向にあります。ただし、病名を口にすることで悲しみが増すなら、ぼかした表現にしてもよいでしょう。

申し上げます。ほんとうにありがとうございました。

享年60。早すぎるという嘆きと、家族としてもっとしてやれることがあったのではないかという後悔は尽きません。

遺族の心境

真理子の実の父は■息災にしておりますし、子どもたちもまだ社会人になったばかりです。妻は、家族の行く末を気づかっておりました。しかし、遺された者が協力して家庭を守っていくことが、真理子に報いるただ一つの道と考えております。

皆さまには、どうか今後ともご指導のほどをよろしくお願い申し上げます。

葬儀の案内・結び

なお、葬儀告別式は、明日の午前10時から、この斎場でとり行います。年の瀬を控え、◆なにかとご多忙のこととは存じますが、ご会葬賜りまして、真理子と最後の別れをしてくださればたいへんありがたく存じます。

生前のお礼

これまで妻にかけていただいたあたたかいお気持ちと、本日のご会葬に、心より御礼を申し上げます。

■応用

高齢者が元気であることを伝える表現

「健在だ」「壮健に過ごしている」「達者にしている」では、元気盛んな印象を与え、葬儀のあいさつにはやや不似合いです。身にさわりがないことを示す「息災」程度がふさわしい表現です。

◆なるほどMEMO

現役世代には「ご多忙」
高齢者主体なら「ご多用」

高齢者の中には「ご多忙ではない、暇だ」と考える人もいます。「ご多忙」は、現役世代が多い場で用いるのが無難です。

ぼう然とし、言葉が見つかりません

会葬のお礼

本日は、翼のためにお集まりいただき、まことにありがとうございます。

最期の様子

昨日の朝、いつものように手を振って登校した翼です。事故については、皆さま報道などでご存じのことと思います。知らせを聞いて急ぎ病院に駆けつけましたが、すでに力尽きておりました。7年の短い生涯でした。

遺族の心境

子どもに先立たれるとは、それもこのように突然幕が下りるような形で別れることになろうとは、考えもいたしませんでした。本来であれば、翼の思い出を語り、皆さまのお心の中にもとどめておいてほしいとお願いするところですが、どうにも■言葉が見つかりません。

結び

皆さま、これまでありがとうございました。翼のこと、どうか忘れずにいてやってください。

ポイント

大きな悲しみの中で、長々とあいさつする必要はありません。参列へのお礼を述べるだけで十分に気持ちは伝わります。

■応用

悲嘆にくれる表現

・語る言葉がございません。
・言葉にできません。
・言葉もありません。

通夜の喪主あいさつ❻　短くまとめたいとき

最期の言葉は「ありがとう」でした

会葬のお礼・最期の様子

本日はご多忙の中、ご会葬いただきまことにありがとうございました。

父は、昨日午後8時15分、腎不全により入院先の○○病院で■息を引きとりました。享年80でございました。

重篤な状態になり、意識が遠のく中、おだやかな笑顔を見せ、「ありがとう」と母に言ってくれました。もっと生きてほしかったという思いはございますが、あの父の笑顔を見られたことが私どもの慰めと考えております。

生前のお礼・葬儀の案内

これまで父がお世話になりました皆さまに、心から御礼を申し上げます。

明日の葬儀告別式は、午前11時より当斎場にてとり行います。ご都合がつきましたら、ご会葬を賜りますようお願い申し上げます。本日はありがとうございました。

ポイント

感謝の言葉を口にして故人が旅立ったとわかれば、参列者は、少し救われたような気持ちになるものです。

■応用

「死亡しました」をソフトに言いかえる

・生涯を閉じました。
・旅立ちました。
・帰らぬ人となりました。
・他界いたしました。
・永眠いたしました。

遺族に対しても故人同様のご支援を

会葬のお礼

♣本日は、ご多忙のところ、故○○○○君の通夜の席にお運びいただきまして、まことにありがとうございます。

私は、故人の勤務先、＊＊株式会社の佐々木秀樹と申します。このたび、世話役を務めさせていただくこととなり、ひとことごあいさつを申し上げます。

生前、皆さまには、ひとかたならぬご厚誼を賜りましたこと、まずはご遺族にかわりまして、心より御礼を申し上げます。

の様子

○○君は、昨年の健康診断で体に異変が発見されました。すぐに入院加療を行い、ご家族も献身的なご看病をつづけていらっしゃいましたが、◆薬石効なく、昨日午後＊時＊分、46歳の生涯を閉じたわけでございます。

病を得る前の○○君は、営業部の第一線で活躍なされ、

ポイント

喪主以外があいさつするときは、参列者に対して「これからの遺族をよろしくお願いします」という旨の表現を盛り込みます。

♣話し方

世話役代表らしい威厳と格調を保ちながら

地域や職場の有力者が務めることが多いもの。立場にふさわしく堂々としたあいさつが求められます。

最期

将来は当社の経営の一翼を担う存在になることは確実と、大きな期待が寄せられておりました。私どもは、かけがえのない、たいせつな人を失ったわけで、ほんとうに痛恨のきわみです。

話し手の心境

そして、○○君は家庭における大黒柱でもございました。高校生のご子息と中学生のお嬢様を残しての旅立ちは、○○君にとっても無念きわまるものだったと拝察いたしております。遺された奥様、お子様がたの悲しみとご不安もまた、察するに余りあります。

皆さまには、○○君亡きあとのご遺族に対しましても、変わらぬご厚情ご支援を賜りますよう、切にお願い申し上げます。

葬儀の案内・結び

なお、葬儀告別式につきましては、明日午前10時より、当斎場にてとり行います。ご多用中とは存じますが、ご会葬賜りまして、○○君との最後のお別れをしていただければと存じます。

本日のご会葬、まことにありがとうございました。

◆なるほどMEMO

薬石効《やくせきこう》なく

「石」は、古代の医療器具である石針（鍼《はり》）のこと。病気を治すために、さまざまな薬や治療で手を尽くしたが、その効き目もなく、亡くなってしまったという意味です。やや堅苦しい表現なので、世話役代表や、社葬での葬儀委員長などの儀礼的なあいさつに向いています。一般的な喪主あいさつでは「治療の限りを尽くしましたが、残念ながら……」「家族の必死の看病も及ばず、ついに……」などがふさわしいでしょう。

高齢の親を見送るとき

にぎやかなことの好きだった故人なので皆さまも

会葬のお礼

皆さま、本日はご会葬いただき、あらためてありがとうございました。この席からは、身内の者のみで故人を偲びたいと存じます。

遺族の心境

ご存じのように、元気だったころの母は、自宅に人を招いて、ごちそうをしたり、おしゃべりを楽しんだりするのが大好きでした。にぎやかなことの好きだった母ですので、今晩の集まりに参加できないことを、さぞ悔しく思っていることでしょう。

結び

皆さまには、あまり湿っぽくせずに、思い出話などをお聞かせ願えればと思っております。

では、ささやかな席ではございますが、始めることにいたします。

一郎おじさん、◆献杯をお願いできますでしょうか。

ポイント

故人が高齢だったときは、「にぎやかなことが好きだった」などと言って、なごやかな雰囲気を演出します。

◆なるほどMEMO

献杯とは

慶事の「乾杯」のかわりに、弔事では、故人に杯をささげる「献杯」を行うことが多いものです。参列者は唱和せず、黙祷して静かにグラスを口につけます。

通夜ぶるまい開始のあいさつ❷

故人の思い出話が私たちの宝物になります

急死した配偶者や子どもを見送るとき

会葬のお礼・遺族の心境

皆さま、本日はまことにありがとうございました。

突然のことでしたのでぼう然とし、現実を受け入れることができない状態のまま、さまざまな手配をしなければなりませんでした。

こうして、なんとか無事に通夜を終えることができましたのも、♥皆さまのお力添えのおかげと、ほんとうに感謝しております。

結び

気持ちばかりの席ではございますが、よろしければ、○○の在りし日の様子などを伺えればと存じます。もはやこれ以上○○との思い出を紡ぐことができなくなった私どもにとりましては、皆さまのお話のひとつひとつが大事な宝物になります。

では、お時間の許す限りごゆっくりお過ごしください。

ポイント

深い悲しみの中で「にぎやかに」とは言えないものです。「故人の話をぜひ聞かせてほしい」とするのが妥当です。

♥マナー

葬儀の準備を助けてもらったときはそのお礼も

喪主が不慣れ、あるいは動転している場合、周囲が葬儀の段取りを進めてくれることも。そのようなケースでは、お礼の言葉も忘れずに。

通夜ぶるまい終了のあいさつ❶

一般葬の場合

貴重な思い出話をありがとうございました

遺族の心境

皆さまから、いろいろな父のエピソードを聞かせていただき、ありがとうございました。父と私との間では、男どうしの照れもあるせいか、昔の苦労話などをくわしく聞いた記憶がございません。

本日、こうして皆さまから貴重なお話を伺うことができ、実に有意義なひとときでした。しかし一方では、父と、もっと腹を割った話をしておけばよかったという心残りもあり、少し複雑な気持ちでおります。

結び

皆さまには、もっとお話を聞かせていただきたいのですが、遠方のかたもいらっしゃいますので、★このあたりで終了させていただきます。冷え込みも厳しくなってきたようですので、どうぞお気をつけてお帰りください。

本日は、まことにありがとうございました。

ポイント

場を切り上げるときは「遠方のかたもいるので」または「夜もふけてきたので」とすると、角が立ちません。

★注意点

「お開き」としないのが一般的慶事に「閉会」では縁起が悪いため「お開き」としますが、弔事は「終了」「閉会」でOKです。「お開き」は祝宴の際によく使う表現のため、違和感を覚える人もいます。

通夜ぶるまい終了のあいさつ❷

ゆっくりとした別れの時間は母からの贈り物

家族葬の場合

会葬のお礼

皆さま、本日は亡き母のためにお集まりいただきまして、まことにありがとうございました。

遺族の心境

ご存じのように、母の親族の多くは母の郷里である＊＊県におりますことから、♥いざというときは当地にいる身内だけでと、以前から母は申しておりました。

実は、私どもは、父のときと同じような形でと思っておりまして、少し不安でした。しかし、こうして近しい親族だけで、母との別れの時間をゆっくり持てる通夜葬儀というのは、落ち着くものですね。このおだやかに過ぎる時間が、母からの最後の贈り物だと思っております。

結び

皆さまにはご多用とは存じますが、葬儀告別式は、明日午前10時から行います。どうぞよろしくお願いいたします。本日は、ほんとうにありがとうございました。

ポイント

家族葬ならではの雰囲気のよさを強調します。

♥マナー

遠方の親族には事前説明を

家族葬がふえていますが、「なぜ知らせてくれなかった」と残念に思う人もいます。「故人の遺志により近隣の者で見送ることにさせていただきます」と葬儀の前に説明しておけば、トラブルが起きにくくなります。

葬儀
告別式

葬儀告別式の日に行う喪主あいさつの基本

●斎場で10時開始の場合(例)

7:30〜9:00
遺族・親族は、控え室で朝食、身支度、美容準備

宿泊設備が付帯していない斎場の場合は、遺族は通夜ぶるまいのあと、一度帰宅またはホテルなどに宿泊し、葬儀開始の1時間前までに斎場入りします。

9:00〜9:30
受付準備開始

●世話役、受付係、お手伝いの人へのあいさつ(52ページ参照)

9:30
僧侶到着

●僧侶へのあいさつ(52ページ参照)

おはようございます。昨晩は、たいへんごていねいなお勤めとご法話をいただき、ありがとうございました。本日も、どうぞよろしくお願いいたします。

9:45
遺族着席

(53ページ参照)

10:00
葬儀告別式開始

(10時45分ごろ終了。近親者で最後のお別れをして棺の蓋を閉じます)

11:00 出棺

喪主は、葬儀告別式の終了時または出棺時にあいさつをします。内容は通夜のあとのあいさつと同様、①会葬へのお礼　②最期の様子　③故人が生前お世話になったお礼　④遺族の心境などで構成します。

●出棺時のあいさつ（文例は72ページ）

12:00 火葬場到着

（火葬のあと収骨（骨《こつ》揚《あ》げ）をして14時ごろ火葬場出発）

15:00 斎場または自宅到着、還骨法要

還骨法要でこの日の仏事は終了です。通常は、法要終了後に僧侶にお布施をお渡ししますが、タイミングについては事前に確認しておきましょう。法要後の会食の開始時は「葬儀でお世話になったお礼」を主体に、終了時は「参列者へのねぎらいと四十九日法要の案内」を主体にしてあいさつをします。

●僧侶にお布施をお渡しするときのあいさつ

ご住職様のお心のこもったお勤めのおかげで、無事に葬儀をとり行うことができました。ほんとうにありがとうございます。こちらは私どもの気持ちでございます。どうぞお納めください。

15:30 精進落とし開始

●精進落とし開始のあいさつ（文例は92ページ）

17:30 精進落とし終了、散会

●精進落とし終了のあいさつ（文例は98ページ）

葬儀告別式終了時（出棺時）の喪主あいさつ ❶ 高齢の親を見送る一般葬のとき

「生涯現役」を貫いた父を誇りに思います

会葬のお礼

本日は皆さまお忙しいところ、亡き父の葬儀告別式にお運びくださいまして、まことにありがとうございました。また、ご弔辞をいただきました佐藤様をはじめ、ご参列の皆さまからお心の込もったお悔やみの言葉を賜りましたこと、心より御礼を申し上げます。

最期の様子

父は、一昨日の午後＊時＊＊分、入院先の＊＊病院で、◆眠るがごとく85歳の生涯を閉じました。1カ月ほど前までは自宅で壮健に暮らしておりましたが、かぜをこじらせて入院し、肺炎を併発して、ついに帰らぬ人となった次第でございます。

ご存じのように、父はタクシーの運転手をしておりました。◆♣休みの日も、私どもを連れてドライブ、あるいは釣りと、ハンドルを握らない日はなかったのではな

ポイント

会葬に来てくださったことに対するお礼に加え、弔辞やお悔やみの言葉など、参列者の「気持ち」に対するお礼の言葉を添えると、ていねいな印象になります。

◆なるほどMEMO

「眠るように亡くなった」が列席者の心をおだやかにする苦しむことなく、本人も「死」を意識しないままだったという状態を連想させます。

故人の思い出

いでしょうか。父自身も「車の運転は、趣味と実益を兼ねたようなものだ」とよく申しておりました。

タクシー会社を退職後も、障がい者のための運転ボランティアに従事し、家庭でも、母の買い物から孫の送迎までを一手に引き受けるという毎日を、入院の直前までつづけておりました。

遺族の心境

「生涯を通じて、現役ドライバーでいること」が、父の目標であり、夢でした。それを全うできたことは、父にとっても大きな誇りだったのではないかと存じます。また、それは私ども遺された者にとって、何よりの慰めにもなっております。

生前のお礼・結び

このように父が晩年まで心豊かに過ごすことができましたのも、ひとえに皆さまのご厚情のたまものと、心より感謝いたしております。これからは、家族で力を合わせて母を支えてまいります。どうか、これまで同様のご指導とご厚誼をよろしくお願い申し上げます。

本日のご会葬、まことにありがとうございました。

◆なるほどMEMO

エピソードの選び方は故人の人となりをあらわすエピソードは、なるべく故人の生き方を肯定するもの、故人の人間性の豊かさを感じられるものを選びます。葬儀告別式は厳粛な儀式ですから、酒の席での武勇伝などを話すのは控えます。

♣話し方

エピソードを体現する身振りを加えながらハンドルを握るしぐさをして話してみましょう。参列者は、故人の生前の面影を偲びながら話を聞くことができます。

葬儀告別式終了時（出棺時）の喪主あいさつ❷

父親が急死したとき

遺された高齢の母にも変わらぬご厚情を

会葬のお礼

♥故人の長女で〇〇〇〇と申します。

本日は、皆さまご多用のところ、父〇〇〇〇の葬儀にご参列いただき、まことにありがとうございました。

最期の様子

父は、一昨日の夜、入浴中に脳内出血を起こして倒れ、搬送先の病院で、そのまま息を引きとりました。享年78でございました。

故人の思い出

父は、土木の技術者として定年まで勤め上げ、その後は、シルバー人材センターに登録して、月の半分は植木の剪定《せんてい》の仕事をしておりました。

足腰には自信があるというのが、日ごろからの父の口癖だったものです。実際にはつらつとしておりましたので、突然このようなことになるとは、家族のだれもが想像いたしませんでした。

ポイント

喪主は配偶者→子の順に検討しますが、配偶者が高齢だったり、死のショックが大きかったりするときは、子どもなどが、「施主」として葬儀の主催者となり、あいさつも行います。

♥マナー

代行してあいさつする場合は自己紹介から

喪主は母親だがあいさつは子が代行するという場合は、冒頭に自己紹介を行います。

特に、母の動揺と悲しみは大きく、かわりに私がごあいさつをさせていただく次第です。

生前、父がお世話になった皆さまには、心から御礼を申し上げます。

生前のお礼

★元の勤務先のOB会や、同窓会のお仲間、そして町内会の皆さまとの温泉旅行を、父はことのほか楽しみにしておりました。現役をリタイアしてからも、こうして心豊かに過ごすことができましたのも、ひとえに皆さまのご厚情のおかげと、深く感謝しております。

実は、私は夫の仕事の関係で、現在東京におりますため、当面、母は一人きりで暮らすことになります。亡き父も、それをいちばん心配していることでしょう。まことに勝手なお願いではございますが、遺された母のことを、皆さまのお心にかけていただければと存じます。

結び

お礼のごあいさつを申し上げるつもりが、お願いごとで結ぶことになってしまい恐縮です。

本日は、まことにありがとうございました。

★注意点

可能な限り参列者の顔ぶれを確認しておく

喪主あいさつや故人のプロフィール紹介で、勤務先や所属団体、親しくしていた仲間などにふれる場合は、その名称が正しいか、その組織や団体からの会葬者がいるかどうかを、可能なら確認しておきましょう。たとえば、故人が所属していた趣味の会から何人も参列しているのに、会についていっさいふれられなかったり、会の名前がまちがっていたりすると、聞いている側は寂しい気持ちになるものです。

葬儀告別式終了時（出棺時）の喪主あいさつ❸

認知症だった親を見送るとき

皆さまのあたたかい思いやりに救われました

会葬のお礼

本日はご多用のところ、母○○○○のためにご会葬いただきまして、まことにありがとうございました。長男の裕一でございます。◆おかげをもちまして、葬儀告別式を滞りなく行うことができました。

皆さまからは、お心のこもったお悔やみと慰めのお言葉をいただき、深く感謝いたしております。

最期の様子

母は、一昨日、＊日の＊時＊分、入院先の＊＊病院にて息を引きとりました。いっさい苦しむことなく、家族に見守られての、おだやかな最期でございました。享年86でございます。

の思い出

父を10年前に見送りましてから、母は学生時代の友人と旅行に出かけたり、日本画を習い始めたりと、寂しさを紛らわせておりました。ところが、5年前、外出先で

ポイント

文例では、謝意を示すために認知症だったことを話題にしていますが、必要なければふれなくてもかまいません。

◆なるほどMEMO

「おかげさまをもちまして」は敬語が過剰？

最近よく耳にしますが、「おかげをもちまして」または「おかげさまで」が本来の用法です。2つが合体した「おかげさまをもちまして」は敬語がくどい表現なのです。

故人

転倒して骨折し、入院したとたんに、★記憶が混乱するようになってしまいました。

生前のお礼

それまで母と親しくしていただいた皆さまには、いろいろご迷惑やご心配をおかけして、申しわけなく思っておりました。しかし、皆さまが、以前と変わらずあたたかく母とおつきあいくださり、どれだけ救われた気持ちになったかわかりません。あらためて、心より御礼を申し上げます。

遺族の心境

母は、昨年まで自宅で暮らしておりました。私自身のきょうだいが遠方にいることもありまして、母の介護は、♥妻と、妻の妹が主に担ってくれました。身内のことで恐縮ではございますが、ほんとうに感謝しております。

結び

これからは、遺された者たちで力を合わせて、暮らしてまいりたいと思っております。皆さまにはこれからも変わらぬご厚情のほどをお願い申し上げまして、お礼のごあいさつといたします。

本日は、まことにありがとうございました。

★注意点

「認知症」では直接的すぎる

「ぼけ」「徘徊」「赤ちゃん返り」なども、直接的でマイナスイメージが強いので控えます。「記憶が混乱するように」「年相応の物忘れをするように」程度が無難です。

♥マナー

血縁関係のない人への感謝を忘れずに

会葬者の前で、身内への感謝の気持ちを口にすることはマナー違反ではありません。特に「配偶者のきょうだい」「息子の妻」など、血縁関係のない人の協力に対しては感謝したいものです。

葬儀告別式終了時（出棺時）の喪主あいさつ❹ 妻が病死したとき

このようなことになろうとは想像もせず

会葬のお礼

皆さま、本日はお足元の悪い中、亡き妻○○○○の葬儀告別式にご参列いただきまして、まことにありがとうございました。

最期の様子

妻はこれまで病気らしい病気をしたこともなく、入院したのは出産のときだけという健康な体の持ち主でした。ところが、先月末に珍しく体の不調を訴え、＊＊大学病院で精密検査を受けましたところ、かなり進行した大腸がんが見つかりました。すぐに手術を受けましたが、術後の経過が思わしくなく、一昨日＊日に他界いたしました。■56歳、まだこれからという年齢でした。

診断を受けてから、わずか1カ月です。病としっかり向き合う余裕もなく、命の限りを覚悟する時間も与えられない、あまりに急な旅立ちでした。

ポイント

早すぎる配偶者の死を前に、無念と後悔が尽きないのは当然のことです。しかし、その気持ちだけに終始してはあいさつ全体が暗くなってしまいます。「妻への感謝」や「友人という宝物」など、前向きな要素を意識的に使うように心がけましょう。

遺族の心境

このようなことになろうとは、本人も家族も想像しておりませんでした。皆さまには、術後落ち着きましてからご報告をと考えておりましたので、♥突然のお知らせになりましたこと、この場を借りておわび申し上げます。

故人の思い出

妻は、2人の子どもを育て上げ、10年前に私の母が亡くなるまでは介護にもあたりながら、仕事優先の私を支えてくれていました。そんな私も、まもなく定年を迎えますので、これから2人で旅行など楽しもうと思っていた矢先のできごとです。

無念さと後悔は尽きませんが、いまはただ妻への感謝の気持ちでいっぱいです。

妻のご友人のかたからは、あたたかい慰めのお言葉をいただきました。すばらしいお友達に恵まれたことは、妻にとってかけがえのない宝物だったことでしょう。

生前のお礼・結び

生前お世話になりましたことに、妻にかわりまして心より御礼を申し上げます。

本日のご会葬、まことにありがとうございました。

■応用

若くして亡くなったときは

【50代ぐらいまで】

・まだ＊歳という若さでした。

・あまりにも早すぎる旅立ちです。

【70代ぐらいまで】

・平均寿命を考えれば、早すぎるともいえる年齢です。

・まだたくさんの楽しみが待ち受けていたことでしょう。

♥マナー

病気を知らせていなかったときはおわびを添えて

大事に至るとは考えず、入院を広く知らせない場合も多いもの。突然の訃報で驚かせたことをおわびします。

葬儀告別式終了時（出棺時）の喪主あいさつ❺　夫が事故死したとき

夫に見守られながら子どもを育てていきます

会葬のお礼・生前のお礼

本日はご多用中にもかかわらず、夫○○○○の葬儀告別式にご参列くださいまして、まことにありがとうございました。おかげさまで、無事に葬儀を終えることができました。これまでお世話になりました皆さまに、心より御礼を申し上げます。

の心境

一昨日、当地はいままでに経験したことのない強い暴風雨に見舞われました。なにごともなかったかのように澄んで晴れ渡っているきょうの空を見上げますと、なぜ私の夫がという恨めしさと不思議さが入りまじり、たいへん複雑な気持ちになります。

♥地元消防団の作業は、危険と隣り合わせであることは承知しておりました。けれども、よもや災害が夫の身に降りかかってこようとは考えてもみなかったのです。

ポイント

遺児がいる場合、参列者のいちばんの心配は「子ども」です。辛い局面ではありますが、しっかり育てていくという決意を述べ、支援のお願いで結びます。

♥マナー

事故についてふれるときは

事故の関係者も多数参列していることでしょう。責任を追及したり、恨みを述べたりすることは控えます。

最期の様子・遺族

急に奈落の底へ突き落されたような思いで、動揺したまま本日を迎えました。しかし、夫を幼いころからよく知る皆さまから、お心のこもった慰めや励ましのお言葉をいただき、ほんの少しだけ、光が見えたような気がいたしました。

夫が、身を挺《てい》して守ろうとしたのは、この、緑豊かな故郷の景色と、私たちの暮らしです。

そんな夫の気持ちにこたえるためにも、ここで精一杯生きていかなくてはならない。夫に見守られながら、子どもたちをしっかり一人前に育てなくてはならない。■そう思うことで、気持ちをなんとかふるい立たせようとしているところです。

結び

と申しましても、子ども2人はまだ中学生でございます。今後、皆さまにはいろいろご指導ご支援をいただくこともあるかと存じます。どうか、夫の生前と変わらぬご厚情をたまわりますよう、心よりお願い申し上げます。

本日は、まことにありがとうございました。

■応用

若くして夫を亡くした妻の心境を述べる表現

不幸の直後に「気持ちを切りかえてがんばります」と、あまりに前向きな表現を用いるのは不自然です。

・子どもたちのためにも、気持ちを強く持たなければと思っております。

・うろたえてばかりでは、亡き夫も心配しますので、なんとか前を向いて歩んでいくつもりです。

・遺された家族で支え合いながら、生きてまいりたいと思います。

・夫が見守ってくれていると思うことが、心の支えになると信じております。

葬儀告別式終了時（出棺時）の喪主あいさつ❻　子ども（喪主）が家業を継ぐとき

父の遺志を受け継ぎ、社業の発展に努めます

会葬のお礼

長男の○○○○でございます。

本日は、皆さまご多忙中のところ、亡き父○○○○のうとにご参列いただきまして、まことにありがとうございました。

★父○○は、昭和＊年に＊＊県で生まれ、学校卒業後に＊＊関係の会社に入社しました。その後、35歳で独立開業いたしましたが、設立時の事務所は、机1つに電話1台だったと聞いております。

の思い出

◆「創業は易く、守成は難し」と申しますが、社業がこれまで発展できましたのも、ひとえに皆さまがたのご支援ご協力のおかげと、心より感謝しております。

父は、日ごろから健康には気をつけており、節制した生活を送っておりました。しかし、一昨年に受けた人間

ポイント

事実上は「後継者のあいさつ」です。故人の業績をたたえつつ、参列者のこれまでの支援への感謝と今後のお願いを忘れずに盛り込みます。

★注意点

プロフィール紹介は長くなりすぎないように

経営者の葬儀では、経歴や業績を紹介するのが一般的です。PRの場ではないので、簡潔にまとめましょう。

故人

ドックで肝臓に腫瘍《しゅよう》が見つかり、治療に専念するため、第一線を退いたわけでございます。

以来、弱音を吐くこともなく、前向きに治療を受けておりましたが、とうとう病魔には勝てず、＊月＊日午後＊時＊分、81歳の生涯を閉じました。

遺族の心境

家族としては、もっと長生きをして社業の行く末や孫たちの成長を見届けてほしかったという思いが残ります。しかし、父にしてみれば、悔いのない充実した人生だったと、満足して旅立ったのではないかと存じます。

今後は、遺された母を大事に支え、父の遺志を受け継いで社業のさらなる発展のために力を尽くす覚悟でおります。

結び

しかしながら、■私はまだ経験の浅い未熟者でございます。これまでに増してのご指導ご鞭撻を賜りますよう、皆さまに切にお願い申し上げまして、ごあいさつとさせていただきます。

本日は、まことにありがとうございました。

◆ なるほどMEMO

創業は易く、守成は難し
「新たに事業を興すよりも、その事業を維持し、発展させるのはさらにむずかしい」という意味で使われる名言。唐の太宗が政治上の得失を問答した書『貞観政要』にある言葉です。

■ 応用

後継者としての自分を謙遜する表現
・まだ経験不足ですが
・若輩（弱輩）者ですが
↓年が若く未熟という意味
・浅学非才（菲才）ですが
↓学問や知識が浅く才能がないという意味

葬儀告別式終了時（出棺時）の喪主あいさつ❼

短くまとめたいとき

きょうだいで協力し、父を支えていきます

会葬のお礼

皆さま、本日はご多用のところ、母○○の葬儀告別式にご参列いただき、まことにありがとうございました。

最期の様子

母は、＊＊の病気により、この数年★入退院の月日を過ごしておりましたが、一昨日、ついに力尽き、82歳の生涯を閉じました。生前、皆さまにはあたたかいお見舞いや励ましのお言葉をいただき、ほんとうに感謝しております。また、生前、母がさまざまな形でお世話になりましたこと、なりかわりまして心より御礼申し上げます。

遺族の心境

これからは、母にも安心して見守ってもらえるよう、きょうだいで力を合わせて父をたいせつに支えてまいりたいと存じます。皆さまにはこれからも変わらぬおつきあいのほどをお願い申し上げます。

本日のご会葬、どうもありがとうございました。

ポイント

出棺時のあいさつは屋外で行います。雨天など気候がよくないときは、短くまとめるのが参列者への思いやりとなります。

★注意点

「入退院を繰り返し」では縁起がよくない

よく使われるフレーズですが「繰り返し」が忌み言葉だと嫌う人もいるので「月日を過ごす」と言いかえます。

家族葬（小規模葬）のとき

ひとりひとりと別れのあいさつができました

会葬のお礼

本日はご多用のところ、ごていねいにご会葬いただき、まことにありがとうございました。また、生前、母がお世話になりましたこと、あらためて心から御礼を申し上げます。

遺族の心境

いままで親しくさせていただいた◆皆さまおひとりおひとりと別れのあいさつを交わし、あたたかく見送られることとなり、母もさぞ喜んでいるのではないかと存じます。

母は、元気なころから「自分の葬式では、みんなに迷惑をかけたくないから、身内だけで行ってほしい」と申しておりました。当地の親族だけにお集まりいただく葬儀となりましたが、なにとぞご理解を賜りますよう、お願い申し上げます。

本日は、まことにありがとうございました。

ポイント

家族葬（小規模葬）の場合は参列者が少なめで、日ごろから親しい人ばかりなので、堅苦しいあいさつは不要です。

◆なるほどMEMO

家族葬を前向きに表現

少人数の葬儀は、寂しい印象になりがちです。しかし、「おひとりおひとりと別れのあいさつが交わせた」とすると、少人数のよさが伝わる表現になります。

自由葬のとき

妻が愛した花や絵画をぜひご覧ください

会葬のお礼

本日は、皆さまお忙しいところ、妻○○のお別れの会にお運びいただきまして、まことにありがとうございます。

♥葬儀らしくない、明るい会場の設営で、とまどったかたも多いのではないかと存じます。

実は、このような形で皆さまとお別れしたいというのが、妻の強い希望でございました。

最期の様子

○○は、５年前に乳がんが見つかり、すぐに手術を受けました。抗がん剤治療や放射線治療が終わったあとも、定期的に検査を受け、表面上は元気さと明るさをとり戻したかに見えました。

しかし、２年前のある日のこと、「腰が痛い」と訴え、ベッドから起きられなくなってしまったのです。

骨への転移でした。

ポイント

自由葬は故人自身が「形式にとらわれず、自分らしい形で」と考えて選択する形式です。あいさつも、ふだんの言葉づかいで、故人の考えていたことを伝えましょう。

♥マナー

冒頭で自由葬の説明を

葬儀らしくない雰囲気に違和感を覚える人もいます。最初に、なぜこのような形にしたか説明します。

精密検査をしたところ、余命半年から1年との宣告を受けました。

命の限りを告げられることが、どれほどショックか。それは本人にしかわかりませんが、妻はとり乱すこともなく、自分の旅立ちの仕方を考え始めたのでした。それが、このお別れの会です。

遺影を縁どっているのはカモミールという花です。「逆境に負けない強さ」という花言葉を持つそうで、闘病中の妻が心の支えにして、欠かさずに飾っておりました。

♣そして、会場の壁には、学生時代からつづけていた水彩の風景画を展示してあります。遺影の隣に並んでいるのは、ホスピスの病室の窓から臨む海を描いたもので、これが遺作となりました。妻が愛したものを皆さまにもご覧いただき、○○を偲んでいただければと思います。

◆63歳という、早すぎる旅立ちですが、皆さまと親しくしていただき、幸せを感じていただことと思います。

これまで、ほんとうにありがとうございました。

♣話し方

展示物をさし示しながら

近年は、自由葬以外でも、故人の愛用品や作品などを展示する演出が行われます。それらを手で示しながら紹介すると、参列者も親しみがわきます。

◆なるほどMEMO

ネガティブ→ポジティブの構成で救われた気持ちに

「幸せ(ポジティブ＝肯定的)だが早すぎる(ネガティブ＝否定的)」の順に話すと、悲観的な印象が残ります。逆に「幸せ」と前向きな表現で結ぶと、参列者もおだやかな気持ちになれます。

葬儀告別式終了時（出棺時）の喪主あいさつ⑩　子どもに先立たれたとき

うちの子のことを忘れずにいてください

会葬のお礼

　皆さま、本日は、翔太の見送りのためにお越しいただき、ほんとうにありがとうございます。

遺族の心境

　◆集団下校の列に突然トラックが、という事故の顛末は、報道などでご存じのとおりです。なんの前ぶれもなくこのような不幸が訪れ、妻も私も、まだ現実を受け止めることができずにいる、というのが正直な気持ちです。

　きょうは、翔太の学校のお友だちもたくさん来てくれました。皆さんの中から、ひょっこりと翔太が顔をあらわすのではないかという、不思議な感覚に見舞われてしまいます。しかし、厳しくても、事実は事実として、受け入れていかなくてはならないのですね。

　お友だちの皆さん。みんなといっしょに勉強したり遊んだりスポーツをしたりして、楽しかった。翔太は、きっ

ポイント

子どもの葬儀の場合、参列者も子どもや若い世代が多いものです。「ご多用」「ご厚誼」などは、耳で聞くとわかりづらいので、なるべく平易な表現で話します。

◆なるほどMEMO

事故のくわしい経緯は省く

事故死の場合、具体的な原因や被害は、話すのも聞くのも辛いものです。「ご存じのとおり」など、あえてぼかして話すのもひとつの方法です。

参列者への言葉

とそう言うと思います。いままで、仲よくしてくれて、どうもありがとうございました。

皆さんに、1つだけお願いがあります。翔太のことを、忘れずにいてください。

♣〇〇翔太。サッカーが好きで、牛乳がちょっと苦手な、元気のいい男の子でした。

結び

お友だちの皆さん、そしてご会葬の皆さま、本日はほんとうにありがとうございました

♣話し方

子どもたちに話しかけるように

在りし日の子どもの姿が、参列している友だちの心に刻まれるよう、ゆっくり、はっきりと話します。

「子どもの葬儀では、親は火葬場に行かない」風習も

親より先に子どもが亡くなることを「逆縁」といい、この場合、親は火葬場に行ってはいけない(葬儀に出てはいけないとする場合も)という風習が一部で残っています。子どもに先立たれるという、親として最大の悲しみへの配慮とされていますが、逆縁は家運の衰退を意味するため、不吉だとする説もあります。ただ、辛くてもきちんとお別れをしておかないと、のちのちまで死を受け入れにくくなることがあります。社会的な「ルール」ではなく、あくまで風習なので、親の体調や精神状態を考えて判断することが大事です。

葬儀告別式終了時（出棺時）の親族代表あいさつ　喪主が未成年のとき

遺された一人娘へのご厚情をお願いいたします

会葬のお礼

皆さま、本日はご多用の折、故〇〇〇〇の葬儀告別式にご参列いただき、まことにありがとうございました。遺族、親族を代表いたしまして、ひとこと御礼のごあいさつを申し上げます。

私は、故人の兄の〇〇一郎と申します。本来ならば、故人の長女である、◆喪主の香織がごあいさつ申し上げるべきところですが、いまだ高校生の身ですので、私から述べさせていただくことをお許しください。

葬儀を行うにあたりましては、弟の勤務先の皆さまに多大なるお力添えをいただき、ほんとうにありがとうございました。おかげをもちまして、滞りなく葬儀を終えることができ、深く感謝いたしております。

さて、皆さまご存じのように、香織の母親は10年前に

ポイント

親族として遺児のバックアップを誓うとともに、参列者に対しても、今後の支援をお願いします。

◆なるほどMEMO

喪主が未成年の場合は親族が後見人となる

喪主の年齢に決まりはなく、未成年でも喪主になれます。しかし葬儀のリーダー役を務める役割を果たすには周囲のサポートが必要です。

故人の思い出

病気で他界しております。当時、香織はまだ小学2年生でした。ただ、身内ながら実に感心な子でして、早くから家事を覚え、弟と協力しながら2人で暮らしていたわけでございます。

しかし、不慮の事故で弟までもが早世するとは、運命は残酷なものです。弟は、香織の成長を何よりの心の支えにし、楽しみにしておりましたから、さぞ無念であったろうと思います。

話し手の心境・結び

香織もこうしてなんとか気丈にふるまってはおりますが、その悲しみや不安を思いますと、かける言葉が見つかりません。

これからは、★われわれ親族がなんとか力を貸して、香織が自立して生活していけるようにサポートしていくつもりです。皆さまがたにも、これまで同様のご厚情を賜りますよう、心よりお願い申し上げまして、私のごあいさつとさせていただきます。

本日のご会葬、まことにありがとうございました。

★注意点

支援したいという気持ちの表明にとどめておく

事故の直後でもあり「この子のことは私が責任を持つ」と言いきれる状態ではないことがほとんど。「親族で」「サポートしていきたい」という意思を示す程度にします。

精進落とし開始の喪主あいさつ❶ 僧侶が出席するとき

ごていねいなお勤めをありがとうございました

お世話になったお礼

昨日から本日にかけまして、長時間にわたりご参列いただき、ありがとうございました。

皆さまのおかげをもちまして、父○○○○の葬儀のいっさいと、繰り上げ初七日法要を、滞りなく相すませることができました。遺族一同、感謝の気持ちでいっぱいでございます。

★♥ご住職様には、ひとかたならぬお世話になり、まことにありがとうございました。

ごていねいなお勤めをいただき、さらには、心にしみ入るご法話を頂戴いたしまして、感激しました。月参りなども、これまでは母にまかせっぱなしで、息子としては至らぬ点も多かったと存じますが、どうかこれからもよろしくお願いいたします。

ポイント

精進落としは、参列者をねぎらうために設ける席です。僧侶、世話役、各係、親族など、お世話になったかたに、ていねいにお礼を述べます。

★注意点

僧侶が出席しないときは「御膳料」を包む

僧侶をお招きしたものの、別の法務などで席につけない場合は、「御膳料」として食事代相当の金額を包みます。

世話役として、多大なお力添えをいただきました山田様、そして受付などをご担当いただいた皆さまにも、あらためて心より御礼を申し上げます。

遺族の心境

葬儀をとり行うのは生まれて初めてのことで、何をすればよいのか、ただうろたえるばかりでした。こうして、無事に父を見送ることができましたのも、本家のおじさんをはじめとした皆さまの適切なご指導とご助言があったからこそと、深く感謝しております。

皆さまのおかげで、悲しみの中にも心の通った、あたたかみのある葬儀になりました。ほんとうに、ありがとうございました。

宴の案内

ささやかではございますが、★これよりお斎を召し上がっていただきます。どうぞ、おくつろぎになってお過ごしください。

では、はじめにご住職様からごあいさつを頂戴したいと存じます。

ご住職様、どうぞよろしくお願いいたします。

♥マナー

精進落としのときの席次

入り口からいちばん遠い席が上座です。僧侶が出席する場合は、僧侶が主賓なので上座、その隣に世話役代表に座っていただきます。遺族は下座につくのが基本ですが、喪主だけはご接待のために僧侶の隣に座る場合もあります。

★注意点

僧侶が出席しているときは「お斎《とき》」という

仏教上は「還骨法要後のお斎（食事のこと）」というのが正しく、「精進落とし」という表現を嫌う僧侶もいます。

皆さまの励ましにこたえて前向きに歩みます

お世話になったお礼

皆さま、本日はたいへんお世話になりまして、まことにありがとうございました。特に、行き届いたお世話をしてくださいました鈴木様と斎藤様には、言葉にならないほど感謝しております。おかげさまで、◆野辺の送りも無事にすませることができました。

遺族の心境

なにぶん突然のことで、まだ気持ちの整理はつきそうにありませんが、皆さまからいただいたあたたかい励ましや慰めにこたえるべく、心を強く持って生きていこうと思っております。

宴の案内

まことにささやかながら、心ばかりのお食事をご用意いたしました。のちほど、故人の思い出話などもお聞かせいただければありがたく存じます。

では＊＊おじさん、献杯のごあいさつをお願いします。

ポイント

僧侶が出席しないときは、喪主がお礼を述べたあと、親族代表または世話役代表に献杯のあいさつと発声をしてもらうのが一般的です。

◆なるほどMEMO

野辺(の)送りとは

亡きがらを、火葬場または埋葬場まで見送ることを「野辺の送り」または「野辺送り」といいます。「葬式」そのものをさす場合もあります。

精進落とし開始の喪主あいさつ❸

亡き父に向けて、この杯をささげます

献杯のあいさつを兼ねるとき

お世話になったお礼

皆さま、このたびはご多用のところ、昨日から本日にかけて、父○○のため長時間にわたりお世話になりまして、ほんとうにありがとうございました。

遺族の心境

父の晩年は病気との闘いの連続でしたが、終始冷静に病と向き合い、私たちに対してもいつも明るく接しておりました。前向きに生きることのたいせつさを、父は身をもって教えてくれたような気がしております。

宴の案内

粗餐ではございますが、皆さまから、もっと父の話を伺い、心にとどめておきたいと願っております。どうぞ、おくつろぎになってお召し上がりください。

では、父のため、杯をささげたいと存じます。

♥「献杯」(列席者は黙祷)

ありがとうございました。

ポイント

精進落としは参列者の労をねぎらうのが目的なので、闘病生活の苦労などを長々と述べるのは控えます。

♥マナー

宗派によっては献杯を行わない

「慣習だから」と容認する場合もありますが、教義上認めないとする僧侶もいます。僧侶が出席するときは、事前に考え方を確認しておきます。

精進落とし開始の喪主あいさつ❹　家族葬のとき

母もきっと満足していることでしょう

お世話になったお礼

皆さまには長時間にわたり、お世話になりまして、まことにありがとうございました。おかげさまで、無事に母の葬儀と繰り上げ初七日法要をすませることができました。

遺族の心境

私の勤務先や妻の実家が遠方にあることも考慮いたしまして、このようにごく親しい地元のかただけにお知らせしての葬儀にさせていただきました。

にぎやかなことの好きだった母ですので、あるいは寂しがるのではないかとの思いもございました。しかし、皆さまとゆっくりお別れをすることができて、母も満足しているのではないかと思っております。皆さまには快くご理解をいただき、感謝しております。

宴の案内

心ばかりですが、精進落としの膳を用意いたしました。

♥お時間の許す限りごゆるりとお過ごしください。

ポイント

小規模な葬儀を選択した事情を、参列者が理解してくれたことに対し、感謝の意を示します。

♥マナー

喪主と遺族は席を回ってお礼を述べる

会食が始まってしばらくしたら、喪主と遺族はすべての席を回って(慣習によってはお酌をしながら)ひとりひとりにお礼を述べます。

精進落としをしないときの喪主あいさつ　遠方からの参列者が多いとき

時間の都合上、お席は設けませんが

お世話になったお礼

このたびはお忙しい中、夫○○の葬儀にご列席いただだきまして、まことにありがとうございました。おかげさまで葬儀のいっさいを無事に終了することができました。

本来であれば、皆さまのお疲れを癒していただくため、精進落としの席を設けるところでございます。ただ、青森の本家筋からいらしていただいた皆さまは、本日中に遠路をお帰りにならなくてはなりません。これ以上お引き留めするのはご迷惑と存じまして、◆これにて散会とさせていただくことといたしました。

席を設けない理由

つきましては、心ばかりの品ですが、私どものお礼の気持ちとしてお納めいただければと存じます。

皆さま、長時間にわたり、ほんとうにありがとうございました。どうぞお気をつけてお帰りください。

結び

ポイント

精進落としを行わない場合は事情を説明し、料理の折り詰めや引き物(返礼品)をお渡しします。

◆なるほどMEMO

時間や場所の制約から精進落としができないことも葬儀開始時間が遅い場合、斎場が確保できない場合は、還骨法要後に席を設けず、火葬中の会食を、精進落としのかわりにすることもあります。

精進落とし終了の喪主あいさつ❶　四十九日法要の日程が決まっているとき

貴重な思い出話をありがとうございました

宴の感想

本日はまことにありがとうございました。皆さまから、故人の思い出話を聞かせていただき、長年連れ添っていてもわからなかった夫の意外な一面なども知ることができました。もう少し長生きしてほしかったという思いはぬぐえませんが、故人らしさを全うした充実した人生だったのではないかと、気持ちを慰めております。

今後について

話は尽きませんが、お疲れのところあまりお引き留めしても申しわけありませんので、このあたりで散会とさせていただきます。♥お荷物になりますが、ささやかなお礼の品をお持ち帰りいただければと存じます。

なお、四十九日法要は＊月＊日に営む予定です。あらためてご連絡いたしますが、どうぞよろしくお願いいたします。本日は、どうもありがとうございました。

ポイント

宴の間に聞いた、故人の思い出が有意義だったと述べ、今後の法要の案内をして結ぶとまとまりがよくなります。

♥マナー

お荷物になりますが

お茶やのりなど「かさばる」引き物の場合は、相手を気づかうひとことを添えます。ただ、遠方の列席者が多いときは、カタログギフトなどを選ぶのもひとつの方法です。

四十九日法要の日程が決まっていないとき

遺された母を支えてまいります

閉会を告げる

もっと皆さまのお話を伺いたいのですが、お時間になりましたので、これにて終了とさせていただきます。

遺族の心境

父がいないことの寂しさは、これから家族ひとりひとりの胸にしみてくるのだと思います。しかし、私と妹で助け合いながら、遺された母を支えてまいることが、父から受けた恩に報いるただひとつの方法なのでしょう。

今後について

皆さまには、どうか今後とも、父の生前と変わらぬおつきあいのほどをお願い申し上げます。

なお、＊月＊日が四十九日にあたりますが、ご住職様はお寺の行事があるとのことで、これから調整をいたします。皆さまには、♥後日あらためてご連絡いたしますので、どうぞよろしくお願いいたします。

本日は、まことにありがとうございました。

ポイント

日程が未定でも、「＊月＊日が四十九日」ということは伝えておきましょう。参列者も心の準備ができます。

♥マナー

四十九日法要の案内は電話でもOK

一周忌以降の法要は、基本的には文書で案内します。しかし、四十九日法要は、準備期間が短いため、電話で案内しても失礼ではありません。

あいさつ回りの範囲と時期を把握します

	あいさつの内容と、するべきこと	持参するもの
	葬儀のお礼、四十九日法要の打ち合わせ	葬儀当日に渡していなければお布施など
	葬儀のまとめ役を引き受けてくれたお礼	謝礼品(172ページ参照)
	依頼を引き受けてくれたお礼 弔辞の内容についての感想や謝意を伝える	礼状を出す。金品でのお礼は基本的に不要(相手の好意によるもののため)
	入院費の精算、借りたものがあれば返却 お世話になったお礼、葬儀終了の報告	精算が必要な場合は現金(カード)、受けとってもらえるなら個包装のお菓子など
	退所扱いになっていないときは精算、お世話になったお礼、葬儀終了の報告	精算が必要な場合は現金(カード)、受けとってもらえるなら個包装のお菓子など
	お世話になったお礼、葬儀終了の報告 テントなど借りたものがあれば返却	お礼品については前例を確認、 お渡しする場合は菓子折りなど
	お世話になったお礼、迷惑をかけたおわび	謝礼品(172ページ参照)
	お世話になったお礼、事務手続き、物品整理	謝礼品(172ページ参照)
	葬儀終了の報告、休暇で迷惑をかけたおわび、香典などへのお礼、必要なら事務手続き	学校へは不要、職場へは個包装のお菓子(郷里の名産品)など

相手	いつ	
宗教者(僧侶など)	葬儀当日～翌日	
葬儀の世話役	翌日～1週間以内	
弔辞《ちょうじ》を読んでくれた人	翌日～1週間以内	
病院	2～3日以内	
老人ホーム・介護施設	翌日～2週間以内	
町内会・自治会	2～3日以内	
ご近所	2～3日以内	
故人の勤務先	翌日～1週間以内	
遺族の勤務先・学校	葬儀後初めて 出社・登校したとき	

葬儀後

お世話になった宗教者へあいさつをします

文例

僧侶へのお礼(仏式葬儀の場合)

このたびの父の葬儀では、ごていねいなお勤めをいただき、まことにありがとうございました。おかげさまで、滞りなく葬儀のいっさいを終えることができました。

こちらはお布施でございます。どうぞお納めください。

さっそくではございますが、今後の法要につきましてご相談させていただきたいのですが。

＊月6日が四十九日にあたりますが、あいにく火曜日で、親族は集まりにくいと存じます。ご住職様がよろしければ、3日の土曜日か、4日の日曜日に繰り上げて営みたいと考えております。

手前勝手を申しますが、ご住職様のご都合はいかがでしょうか。

ポイント

「＊日に行いますのでお願いします」という言い方ではなく、先方の都合に合わせることを前提にお伺いするという切り出し方をします。なお、以前から檀家としておつきあいがある場合は、初《しょ》七日《なぬか》、二七日《ふたなぬか》、と7日ごとに自宅でお経をあげてもらい、四十九日のあとは、月命日(命日が3月9日なら毎月9日)に月参りを受けるのがていねいな方法です。

文例

神官へのお礼（神式葬儀の場合）

先日は、山本家の神葬祭を厳かにとり行っていただき、まことにありがとうございました。遺族の意向を受けまして、かわりにお礼のごあいさつと今後の打ち合わせに伺いました。私は、喪主、山本次郎の兄で、山本一郎と申します。

さっそくではございますが、弟のところでは、＊月＊日に五十日祭を行いたいと考えているようでございます。ご神官様のご都合はいかがでしょうか。

ポイント

遺族は、五十日祭の忌明《きあ》けまでは、神社の境内に入れないしきたりがあります。あいさつは、親族など、代理の人が行います。

基本文例

神父・牧師へのお礼（キリスト教式葬儀の場合）

神父（牧師）様、このたびはほんとうにお世話になりありがとうございました。

妻も、安らかに眠りについていることと思います。

追悼ミサ（記念式）につきましては、三十日目の＊月＊日にと考えておりますが、神父（牧師）様と教会のご都合はいかがでしょうか。

ポイント

遺族が信者ではない場合もあります。カトリックとプロテスタントでは考え方が違うので「知ったかぶり」をせず、宗教者に相談しましょう。

葬儀後

世話役や生前お世話になったかたへもあいさつを

文例

世話役をしてくれたかたへのお礼

このたびはたいへんお世話になりまして、まことにありがとうございました。小池様のご助言とお力添えのおかげで、滞りなく葬儀をとり行うことができました。

小池様の会社のかたにも、準備の段階からいろいろご配慮いただき、ほんとうに助けられました。どうぞよろしくお伝えください。

こちらは、気持ちばかりですが、私どもからのお礼のしるしです。どうかお納めくださいますよう、お願いいたします。

小池様には、今後も法要のことなどでご相談申し上げることがあるかと存じますが、どうぞよろしくご指導のほどをお願い申し上げます。

ポイント

世話役代表を務めてくださったかたは、法要の主賓クラスになります。また、事後処理でもなにかとお世話になることがあるので、今後につなげる言葉を忘れずに盛り込みます。

文例

弔辞を読んでくれた人へのお礼(電話で)

夫の葬儀では、急なお願いにもかかわらず、お心のこもったすばらしいご弔辞をいただき、まことにありがとうございました。また、過分なご芳志を頂戴して、恐縮しております。ずっと親しくさせていただいていた加藤様から、お別れの言葉をいただいて、夫もさぞ喜んだことと存じます。どうか、これからもよろしくお願いいたします。

ポイント

弔辞の中で心に残ったエピソードや「贈る言葉」があれば、それを引用して具体的にお礼を述べます。電話でなく、お礼状を出せばよりていねいです。

基本文例

病院、老人施設などへのお礼

母の入院(入居)中はたいへんお世話になり、ありがとうございました。＊日に無事に葬儀を終えました。

皆さまから、親切で行き届いた看護(介護)を受け、母も安心しきった様子でした。こちらは、気持ちばかりですが、母からのお礼としてお受けとりいただければと存じます。スタッフの皆さまにも、どうぞよろしくお伝えください。ほんとうに、ありがとうございました。

ポイント

規定でお礼の品は受けとらなくても、未使用のタオルや紙おむつの寄付は受けつける病院・施設もあります。お礼品をさし上げたい場合は確認してみましょう。

葬儀後

故人や自分の勤務先へはお礼をして手続きを

文例

故人の勤務先へのお礼

○○○○の家の者です。このたびは、ごていねいなお心遣いをいただきまして、まことにありがとうございました。おかげさまで、一昨日無事に葬儀を終えることができました。こちらは、わずかばかりですが、皆さまでお召し上がりくださいませ。

文例

自分の勤務先へのお礼

急なことで、たいへんご迷惑をおかけいたしました。また、社長からのご供花や皆さまのご厚志など手厚いご配慮をいただき、恐縮しております。

休暇中に、当面の手続きはすませてまいりました。本日から、またよろしくお願いいたします。

ポイント

香典、供花、供物、弔電などいろいろいただいているときは「お心遣い」のひとことでまとめるのがスマート。

ポイント

就業規則で定められている慶弔《けいちょう》休暇内だとしても、仕事の肩がわりなどで負担をかけているので、おわびの気持ちをこめてあいさつします。

PART
3

遺族が出す手紙とあいさつ状

葬儀の際に渡す「会葬礼状」や、香典返しの品に添える「忌明《きあ》けあいさつ状」などには、定型的なサンプル文例があります。しかし、遺された人の思いを加えれば、故人の人となりが伝わり、いっそうぬくもりのある文章になります。また、近年ふえている家族葬や当日返しを行うときは、その断りも入れておくことで、誤解やトラブルが起きにくくなります。

遺族が出す手紙・印刷物の時期と範囲

会葬礼状

いつ：通夜、葬儀の当日

だれに：会葬者全員

何を：会葬していただいたお礼

どのように：印刷し、会場受付で返礼品とともに手渡す
「当日返し」の方法をとる場合は、香典返し品とともに手渡す

文例：111ページ（当日返しの場合は117ページ）

お悔やみへのお礼状

いつ：葬儀後、お悔やみを受けるごとに

だれに：葬儀に参列せず、香典や供物《くもつ》を贈ってくれた人に

何を：お悔やみをいただいたお礼

どのように：お礼状として郵送する

文例：118ページ

忌明けあいさつ状

いつ：四十九日法要後

だれに：香典や供物をいただいたかた。「当日返し」を行った場合は、高額の香典をいただいたかたにだけ

何を：四十九日法要を営んで忌明けした報告と、弔慰へのお礼

どのように：巻紙またはカードに印刷して、一般には「御挨拶」と表書きした封筒に入れ、香典返しの品とともに宅配。

文例：121ページ

喪中欠礼

いつ：11月上旬〜12月中旬（年末に不幸があったときは翌年1月8日以降）

だれに：年賀状をやりとりしている相手に

何を：喪中のため年賀のあいさつを控えることを知らせる

どのように：はがきに印刷して郵送

文例：131ページ

会葬礼状

会葬礼状の基本マナーを把握します

会葬礼状は、通夜や葬儀に参列してくださったかたへのお礼状です。左ページのような葬儀社のサンプル文例を利用する人が多いのですが、近年ふえている「当日返し」(くわしくは30ページ)を行う場合は、後日のトラブルを防ぐため「通夜・葬儀で渡した品が香典返しである」という断りを入れることをおすすめします。

どのような会葬礼状を作りますか？

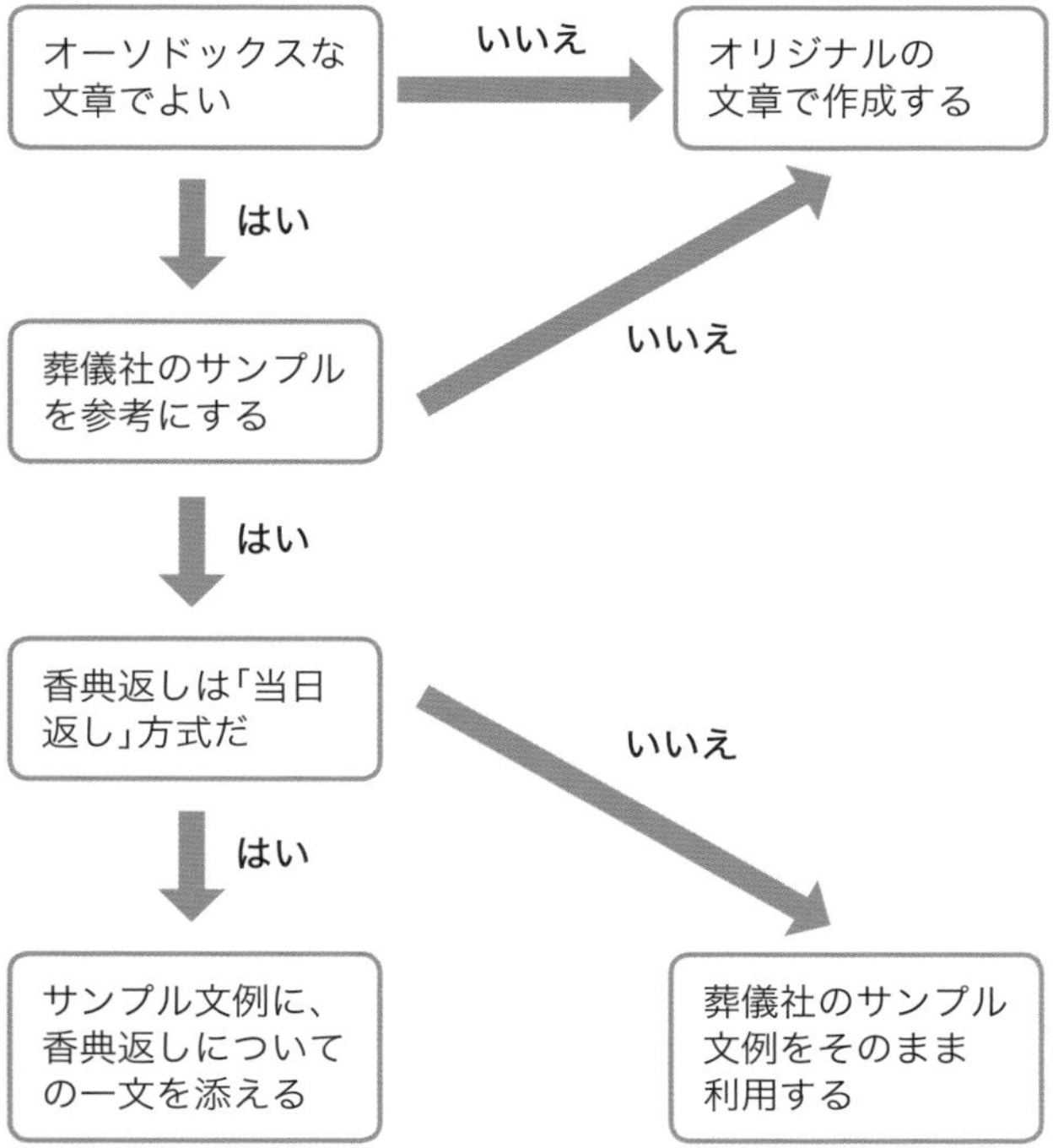
オーソドックスな文章でよい
いいえ
オリジナルの文章で作成する
はい
葬儀社のサンプルを参考にする
いいえ
はい
香典返しは「当日返し」方式だ
いいえ
はい
サンプル文例に、香典返しについての一文を添える
葬儀社のサンプル文例をそのまま利用する

会葬礼状のサンプル文例

返礼品の箱に、はがきサイズのカードをさし入れるか、二つ折りカードを封筒に入れて渡します。

❶謹啓　❷亡父　○○儀　葬儀に際しましては　ご多忙の中
❸ご会葬いただき　ご丁重なるご弔慰を賜り　厚く御礼申し上げ
ます　❹ここに生前のご厚情を深謝し　略儀ながら書中をもちま
して御礼のごあいさつを申し上げます
❶謹　白

❺令和○年○月○日
❻東京都千代田区神田駿河台○—○
❼喪主　○○○○
外　親族一同

❾家紋

❽なお　本日の返礼品をもって香典返しにかえさせていただきます

会葬礼状の基本構成

❶頭語・結語……省く場合もあります。

❷喪主から見た続柄と故人の名前……戒名(宗派により法名・法号)を添える場合もあります。

❸会葬と香典へのお礼……香典については「ご弔慰」「ご芳志」などとぼかした表現にします。

❹生前お世話になったお礼

❺日付……通常は、葬儀告別式の日付にします。

❻住所……喪主の自宅住所を記します。

❼差出人……必要に応じて、世話人代表(葬儀委員長)→喪主→遺族→親族代表→外親族一同などと並列します。

❽香典返しについての断りの一文

❾家紋……必須ではありませんが入れる場合は事前に確認しておきます。

オリジナルで会葬礼状を作る準備をします

葬儀社のサンプル文例は、いわば「万人向け」です。もっと人間味のある礼状にしたい、遺族の気持ちを伝えたいというときは、自分で文章を考えます。左のリストで情報を整理すると、文章を組み立てやすくなります。

忌明けあいさつ状（120ページ）をオリジナルで作りたい場合も、同じように構成します。

礼状のどこかに必ず入れる要素

- □ 会葬と香典へのお礼
- □ 生前お世話になったお礼

遺族から見た故人

- □ 配偶者から見て、どんな夫（妻）だったか
- □ 子どもから見て、どんな父（母）だったか
- □ 孫、ひ孫から見て、どんな祖父（祖母）だったか
- □ 思い出に残るエピソード

故人の人となり

- □ 性格
- □ 趣味
- □ 座右の銘、好きな言葉、口癖

神式・キリスト教式葬儀でのアレンジの仕方

教団や宗教者によって考え方が違うこともありますので、事前に表現をチェックしてもらいましょう。

神式（構成は仏式と同様だが「帰幽」などの表現に注意）

謹啓　亡（父）○○○○大人命　存命中はひとかたならぬご懇情を賜りまして謹んで御礼申し上げます
このたびの帰幽《きゆう》に際しましては　ごていねいなご弔詞をいただき　また葬場祭の際は　ご多忙中にもかかわらずご会葬くださいましてまことにありがとうございました
本来ならば拝眉《はいび》のうえ親しく御礼を申し上げるべきところ　略儀ながら書中をもちましてごあいさつ申し上げます

謹白

キリスト教式（死を悲しむような表現は用いない）

（父）○○○○は地上での歩みを終え安らかな眠りにつきました　生前は皆さまにたいへんお世話になりましたこと故人になりかわりまして厚く御礼を申し上げます
また　このたびはお忙しい中ご参列いただき　まことにありがとうございました　悲しみをともにしてくださいました皆さまの上にも平安がありますよう お祈り申し上げます

会葬礼状のオリジナル文例❶

列席者へのお礼を主体に

★父　○○○○は、令和○年○月○日、80歳で母○○のもとへと旅立ちました。

5年前、母に先立たれたときの父の悲しみは、切ないほどに深いものでした。しかし、ご友人たちに励まされて旅行に出かけるなど、徐々に気持ちの張りをとり戻しつつありました。そんな矢先、★大きな病を得たわけでございます。入院中も、たくさんのかたにあたたかいお見舞いをいただき、父もたいへんに喜んでおりました。

もっと長生きしてほしかったという無念さはありますが、◆空の上で待っている母と、また仲よく暮らせるのだろうと思うことが、私どもの慰めになるような気がしております。

これまでお世話になりました皆さまに、父になりかわり心からの御礼を申し上げます。

ご会葬、まことにありがとうございました。

ポイント

どんなとき、どんなことがありがたかったのかを具体的に記すと、心の通うお礼状になります。

★注意点

病名は正確に書かなくてもよい

「がん」「腫瘍《しゅよう》」などの文字は痛々しい印象を与えます。

◆なるほどMEMO

「天国」よりは「空の上」

「天国」はキリスト教の考えにもとづく言葉です。仏式葬儀で用いる場合は、一般的な表現におきかえます。

会葬礼状のオリジナル文例❷

故人の好きな俳句を引用して

母　○○○○は、令和○年6月○日、87年の生涯を静かに閉じました。

控えめながら芯の強い母でした。小さな会社を営んでいた父を経理の面で支え、「会社があるのは○○夫人のおかげ」とよく言われたものです。

仕事を退いてからは、学生時代のご友人に誘われて、俳句をたしなむという、よい趣味にも恵まれました。

◆「六月を　奇麗な風の　吹くことよ」

生前の母が、いちばん好きだと言っていた正岡子規の句です。はからずも、この句のとおり、緑あふれる6月に母は風になりました。姿は見えなくても、これからずっと私たちを見守っていてくれることでしょう。

生前母に賜りましたご厚情に、心より御礼を申し上げます。本日のご会葬、まことにありがとうございました。

ポイント

故人が生前好きだった俳句や名言をモチーフにした、印象的なお礼状。その句や名言をタイトルにするのもよいでしょう。

◆なるほどMEMO

俳句や名言を引用するときは

文例で引用した句は、正岡子規が、肺結核で闘病中に作ったものです。しかし、句そのものはわかりやすく、すがすがしさを感じさせます。俳句や名言を引用するときは、解釈が難解なもの、暗いイメージのものは避けるほうがよいでしょう。

会葬礼状のオリジナル文例❸

家族葬で見送る事情を説明

♥本日は、亡母○○○○のためにお越しいただきまして、まことにありがとうございます。母の遺した言葉によりまして、このたびは、ごく親しいかただけにお知らせしての見送りとさせていただいております。

母の晩年の、いわゆる「終活」は、それは見事なものでした。80歳を迎えました年末に「身辺についても大掃除の潮時」と申しまして、年賀状の卒業を知人友人のかたへ宣言し、冠婚葬祭についても以後ご無礼する旨をお知らせしたのです。皆さまには「そういう時代なのね」とあたたかいご理解をいただき、母もたいへん喜んでおりました。

自分の人生にきちんとけじめをつけることのできた母を、誇らしく思っております。どうか、母の静かな旅立ちを見守ってくださいますようお願い申し上げます。

生前お世話になった皆さまに心より御礼申し上げます。

ポイント

故人の強い遺志が働いている場合は、家族葬形式に至った経緯を説明します。

♥マナー

家族だけなら礼状は不要

家族葬は、現実には「家族同様に親しかった人だけに知らせる50人以下程度の小規模葬儀」をさします。会葬礼状については、

①一般葬同様に礼状を作成

②家族葬に至る経緯を説明
（この文例のケース）

③礼状は作成しない

という3方法が考えられ、ほんとうに家族だけなら口頭でのお礼でかまいません。

会葬礼状のオリジナル文例④

当日返しの断りを入れて

謹啓　亡父　〇〇〇〇儀　葬儀に際しましては　ご多用のところご会葬いただき　ごていねいなご厚志を賜りまして　まことにありがとうございました
10年にわたる長い闘病生活でございましたが　皆さまにはご心配ご配慮を賜りましたこと　深く感謝いたしております
本来ならばさっそく参上して　御礼を申し上げるべきところ書中をもちまして御礼申し上げます
なお　このたび拝受しましたご芳志に対し　心ばかりの品ではございますが　■本日のご返礼品をもちましてご香典のお返しとさせていただきます
略儀をお許しいただきますとともに　なにとぞご受納くださいますようお願い申し上げます

謹白

令和＊年＊月＊日

喪主　〇〇〇〇

ポイント

一般的な会葬礼状の形式をとりつつ、最後に当日返しについての説明を加えます。

■応用

当日返しをめぐるトラブルを防ぐために

トラブルの多くは「会葬時にいただいたのは会葬御礼の品、香典返しは後日送られるはず。しかし四十九日を過ぎても何も届かない」と会葬者が不審に思うことから発生します。会葬礼状の中で「きょうの品が香典返しです」とはっきり記しておくことで、誤解を招くリスクが少なくなるのです。

お悔やみへのお礼状 ❶

香典を送ってくれた人へ

◆このたびは、お心のこもったお悔やみの手紙を頂戴いたしまして、まことにありがとうございました。そのうえ、過分なお心づかいをいただき、恐縮しております。さっそく霊前に供え、父に報告いたしました。

♥中村様のお名前は、実は父からよく聞いておりました。中村様の赴任先の名古屋に父がお訪ねしたこと、あるいは、中村様がご出張の折に、当地で旧交をあたため合ったことなど、高校を卒業後も長きにわたり深い絆で結ばれている様子をうらやましく感じていたものです。

中村様のような一生の親友を持てましたことは、父にとってたいへん幸せなことでした。生前、お世話になりましたことにあらためて心より御礼申し上げます。

中村様のご健勝をお祈りいたしまして、まずは御礼のみにて失礼いたします。

かしこ

ポイント
相手と故人との関係の中で、印象に残ることなどを書くと、「紋切り型」ではない心の通う手紙になります。

◆なるほどMEMO
時候のあいさつは不要
お悔やみ状と礼状では、用件から書き始めます。

♥マナー
相手の名前を行末にしない
手紙を書くときは、敬意をあらわすため、相手の名前が行末にならないよう、「私」「父」などが行頭にならないように調整します。

お悔やみへのお礼状❷

あとから不幸を知った人へ

お心づくしのお花が、本日届きました。供えていた花に元気がなくなってきたころでしたので、美和子さんのやさしい思いやりに感謝しながら飾り、亡き夫に報告いたしました。ほんとうにありがとうございます。

　葬儀は身内だけでと、夫が言い残しておりましたので、親族のみで見送りました。日ごろ親しくさせていただいている美和子さんをはじめ、私の友人にはどなたにもお知らせせず、♥申しわけありませんでした。かえってお気をつかわせてしまったようで恐縮しております。

　出張の多い夫でしたので、いまでもどこかへ出かけているだけのような錯覚を覚えることがあります。悲しみと寂しさは、正直言ってまだ癒《い》えませんが、時間という薬がゆっくり効き始めるのを静かに待とうと思っています。

　美和子さんのお気持ちに感謝し、ひとことお礼まで。

ポイント

無理に明るくふるまう必要はありませんが、嘆きや後悔ばかりでは、読む側が辛くなります。あまり感情的にならないように文面をまとめましょう。

♥マナー

訃報が行き届かなかったおわびの気持ちを示す

家族葬・一般葬を問わず、「知らなかった」と、あとから香典や供物が届くことがあります。お礼状では、ていねいな心配りに感謝するとともに、お知らせが行き届かなかった失礼をおわびします。

忌明け
あいさつ状

忌明けあいさつ状の基本マナーを把握します

仏式の多くは四十九日、神式では五十日が忌明けとされます。この節目に、香典返しの品とともに「忌明けあいさつ状」を送るのが基本です。キリスト教の場合、忌明けの考え方はありませんが、日本の習慣に合わせ、約1カ月後をめどに記念品とあいさつ状を送る人が多いようです。

あいさつ状は、奉書紙に薄墨色の筆文字で印刷し、巻物のように折りたたむ形式が一般的です。五巻半または七巻半として「割りきれなさ」をあらわし、不幸が重なることを嫌い、裏なしの一重の奉書封筒を用います。ただし、洋風にカード印刷するのもマナー違反ではありません。

当日返しをしたときの考え方

● 5000円の香典の場合
四十九日後の香典返しはしない（あいさつ状も送らない）

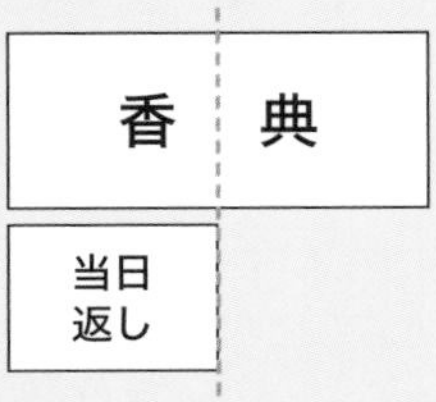

● 1万円の香典の場合
当日返し品と合わせて「半返し」になるような香典返し品に忌明けあいさつ状を添えて送る。

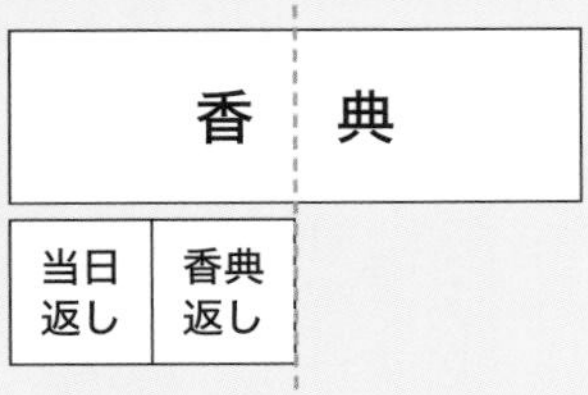

会葬礼状のサンプル文例

デパートや印刷会社には次のようなサンプル文例が用意されています。

❶謹啓
先般　父❷○○○○永眠の際には　ご丁重なご弔詞をいただき
かつ　またご芳志を賜りましてまことにありがたく厚く御礼を
申し上げます　本日
❸○○院○○○○(戒名・法名・法号)
❹七七日忌の法要を相営みましたので供養のしるしに心ばかりの
品をお届け申し上げます　どうかご受納くださいますようお願
い申し上げます
早速拝趨《はいすう》のうえ、ごあいさつ申し上げるべきところ略儀ながら書
中にて御礼申し上げます
謹白❶
❺＊月＊日
❻○○○○

会葬礼状の基本構成

❶頭語・結語……最もあらたまった頭語の「謹啓」で始め、「謹白」「敬白」「謹言」のいずれかで結びます。業者のサンプルでは「敬具」で結んでいるものが多いので注意しましょう。

❷お悔やみと香典へのお礼

❸戒名……記さない場合もあります。

❹忌明けの報告と香典返しの案内……文書では、四十九日法要のことを「七七日《なななぬか》法要」とするのが一般的。関西では「満中陰《まんちゅういん》法要」とも。

❺日付……忌明け法要を行った日

❻差出人……法要の施主（主催者＝通常は葬儀の喪主）名

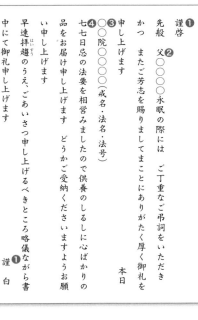

忌明け
あいさつ状の
アレンジ文例
❶

サンプル文例をやわらかい表現に

◆このたび　父○○○○永眠の際には　お心のこもったお悔やみとご芳志を賜りましてまことにありがとうございました　本日○○院○○○○○(戒名・法名・法号)七七日忌《なななぬか》の法要を営むことができましたつきましては供養のしるしまでに心ばかりの品をお届け申し上げます　どうぞお納めくださいますようお願い申し上げます

お目にかかり親しくごあいさつを申し上げるべきところ略儀ではございますが書中をもちまして御礼申し上げます

*月*日

○○○○

ポイント

文章構成はサンプル文例と同じですが、難解な表現を平易にアレンジするだけで、わかりやすく親しみのこもったあいさつ状になります。

◆なるほどMEMO

儀礼文書には句読点をつけない

句読点は、明治時代に「子どものために文章を読みやすくする」目的で使われるようになった記号です。常識ある大人に用いるのは失礼という理由で、今日でも、冠婚葬祭の儀礼文書では句読点をつけずに文面をととのえるのが一般的です。

忌明け
あいさつ状の
アレンジ文例
❷

神式の場合のあいさつ

謹啓

先般　父○○○○■帰幽の際には　ご多忙中にもかかわらずご懇篤《こんとく》なるご弔詞をいただき　そのうえご芳志まで賜りまして　まことにありがたく　厚く御礼を申し上げます　おかげをもちまして　本日

五十日祭を滞りなくすませました

つきましては　皆さまに謝意を表したく　心ばかりの品をお届けいたします　どうぞお納めくださいますようお願い申し上げます

早速拝眉のうえ親しく御礼申し上げるべきところ　略儀ながら書中をもちましてごあいさつ申し上げます　敬　白

＊月＊日

○○○○

ポイント

文章の構成の仕方や、巻紙に薄墨印刷する方法が主流である点は、仏式の場合と同じです。

■応用

死去することは「帰幽」とあらわす

神道の考え方では、人は神々と祖先の恵みによって現世《うつしよ》に生まれて生活し、死後の御霊《みたま》は幽世《かくりよ》に帰り、やがて祖先の御許《みもと》に帰りつくとされています。そのため、人が亡くなることを、幽世に帰る「帰幽」と表現するのです。

忌明け
あいさつ状の
アレンジ文例
③

キリスト教式の場合のあいさつ

過日、父○○○○の◆葬儀に際しましては、皆さまよりあたたかいお言葉をいただき、まことにありがとうございました。家族一同、深く感謝いたしております。

本日、節目にあたりまして、諸式を滞りなく行いました。

つきましては、霊前にお寄せいただきましたご芳志に対し、ささやかな御礼のしるしをお贈りいたします。どうかご受納くださいますよう、お願い申し上げます。

本来であれば、皆さまおひとりおひとりにお目にかかり御礼を申し上げるべきところですが、まずは略儀ながら書中をもちましてごあいさつとさせていただきます。

皆さまのご健勝をお祈り申し上げます。

＊月＊日

○○○○

ポイント

「儀礼文書は句読点なしでととのえる」のは、絶対的なルールではありません。やわらかい文面にしたいときは、通常通り句読点をつけるほうが自然です。

◆なるほどMEMO

宗教色を**強く出したくないときは**

「香典返し」「忌明け」という考えはキリスト教にはありません。それでもあえて、日本の慣習にならって行うのであれば、「召天」「帰天」を「葬儀」とするなどして宗教色を薄めた表現でまとめるのもひとつの方法です。

忌明け
あいさつ状の
アレンジ文例
④

無宗教葬儀・直葬の場合のあいさつ

謹啓

先日は、亡妻〇〇〇〇の旅立ちに際しまして、ごていねいな慰めのお言葉とご芳志を賜りまして、まことにありがとうございました。おかげさまで、■諸事万端を滞りなくすませることができました。

つきましては、ご厚情への感謝をこめまして、心ばかりの品をお届け申し上げます。どうぞお納めくださいますよう、お願いいたします。

生前のご厚誼にあらためて心より御礼申し上げます。

書面にて失礼ではございますが、まずはお礼とごあいさつを申し上げます。

敬白

＊月＊日

〇〇〇〇

ポイント

火葬だけで見送る「直葬《じきそう》」の場合、葬儀は行わないので、通常は会葬礼状を作成しません。しかし、後日、香典や供物が届いたときは、きちんと返礼のごあいさつをしたいものです。

■ 応用

宗教的節目を示す表現は「諸事」におきかえて

四十九日の忌明け法要など、宗教的なことを行わなかったときは「諸事（万端）」という表現を用いるとよいでしょう。

忌明け
あいさつ状の
オリジナル
文例 ❶

遺族の心情を短歌に託して

このたび、亡妻○○の永眠に際しましては、あたたかい慰めのお言葉とご厚志を賜り、心より御礼申し上げます。本日、七七日忌の法要を営みましたので、供養のしるしまでに心ばかりの品をお届け申し上げます。どうぞご受納くださいますようお願いいたします。

ねがはくは花のもとにて春死なむ　その如月の望月のころ

◆西行法師の歌でございます。如月の満月と申せば、いまの暦では、ちょうど亡妻の命日にあたるころです。妻が生前こよなく愛していた桜。その花便りに誘われるように旅立っていったことを、せめてもの慰めにしたいと考えております。

生前お寄せいただきましたご厚情にあらためて感謝し、略儀ながら書中にて御礼のごあいさつとさせていただきます。

ポイント

会葬や香典へのお礼、忌明けの法要を営んだ報告など、基本的な要素を踏まえたうえで、短歌を引用して印象的な文面にととのえます。

◆なるほどMEMO

西行法師

平安末期から鎌倉初期にかけての大歌人であり僧侶。引用の短歌は『新古今集』に編まれています。如月の望月(旧暦2月の満月)は釈迦入滅の日とされ、自分も同じように死にたいと願った歌ですが、西行は望んだとおりの日に没したとされています。

忌明け
あいさつ状の
オリジナル
文例 ❷

家族葬で見送ったとき

このたび亡妻〇〇〇〇の永眠に際しましては、お心のこもったご弔慰を賜りまして、まことにありがとうございました。あたたかいお気持ちに、家族一同、深く感謝しております。「人様にご迷惑をかけたくない」というのが、生前の妻の口癖でした。その気持ちをくみ、あえて皆さまに広くお知らせせず、近親の者で見送ることにした次第です。お知らせが行き届かなかった失礼を、遅ればせではございますが、心よりおわび申し上げます。

＊月＊日に、四十九日の法要を無事に営みました。つきましては、心ばかりの品をお贈り申し上げます。どうかご受納くださいますよう、お願いいたします。

本来であれば、■お目にかかりまして感謝の気持ちをお伝えすべきところですが、書中をもちまして、お礼かたがたごあいさつ申し上げます。

ポイント

家族葬の場合、あとで不幸を知った人から、ポツポツと香典や供物が届くことがあります。お礼をし忘れることのないよう、リストを作っておきましょう。

■応用

「拝趨」「拝眉」を平易にするだけでもソフトな印象に

サンプル文例でよく使われているのが「拝趨(先方へ出向くことの謙譲語)」と「拝眉(相手に会うことの謙譲語)」です。日常的な表現ではないので、オリジナルのあいさつ状では「お目にかかり」などとするのがよいでしょう。

忌明け
あいさつ状の
オリジナル
文例❸

香典の一部を寄付するとき

謹啓　先般夫○○○○永眠の際には、ご丁重なご弔詞とご厚志を賜り、心より御礼を申し上げます。おかげさまで、本日、七七日忌法要を無事に営むことができました。

本来であれば、供養のしるしの品をお届け申し上げるところでございますが、ご芳志の一部を寄付することで♥返礼にかえさせていただきたく存じます。まことに勝手ではございますが、故人の強い遺志によるものですので、皆さまにはあたたかいご理解を賜りますよう、伏してお願い申し上げます。

なお、夫が生前からその活動を支援し、このたびの寄付を行いました公益社団法人＊＊＊様より◆受領状が届いておりますので、併せてご高覧いただければと存じます。

参上し、お目にかかりましてご説明と御礼を申し上げるべきところ、まことに略儀ではございますが、書中をもちましてごあいさつとさせていただきます。

謹　言

ポイント

勝手に寄付したと思われないよう、ていねいに事情を説明します。

♥マナー

プリペイドカードなどを同封すればていねい

書状に添えて1000円程度のカードを同封すれば、相手も納得しやすいものです。

◆なるほどMEMO

寄付先の受領証や礼状を同封しても

寄付先の団体によっては、所定の感謝状を用意している場合もあります。

忌明け
あいさつ状の
オリジナル
文例 ❹

香典返しを行わないとき

過日、夫○○○○永眠の際には、お心のこもったお悔やみの言葉とご厚志を頂戴し、まことにありがとうございました。あまりに急な旅立ちで気持ちが乱れており、皆さまに十分なお礼も申せませんでしたことをおわび申し上げます。

早いもので、このたび四十九日を迎えました。亡夫の郷里でささやかな法要を営み、いまは＊＊海の見える墓所で、夫の祖父母とともに静かに眠っております。

本来であれば、★供養のしるしをお届けすべきところですが、まだ子どもたちは小学生で、将来を考えますと心もとない思いをしております。つきましては、まことに手前勝手ではございますが、皆さまのご芳志を子どもたちの養育にあてさせていただくことをお許しくださいますようお願い申し上げます。

今後は、子どもたちの成長を心の糧に歩んでまいります。皆さまには変わらぬご指導のほどをお願い申し上げます。

ポイント

一家の働き手を亡くし、子どもが小さい場合は、香典返しをしないことも許容されやすいものです。ただ、あくまでも謙虚な姿勢を忘れずに文面をととのえます。

★注意点

香典返しをしないことへの違和感は意外に根強い

香典（やお祝い）にはお返しがつきものと考える人は多く、事情はともあれ「お返しが来ない」ことを不快に思う人もいます。地域の慣習や会葬者の年齢などを加味して、返礼の仕方は慎重に考えたいものです。

喪中欠礼

喪中欠礼の基本マナーを把握します

喪中とは「喪に服す期間」の意味で、この期間は、年賀状などおめでたいことを控えるのがしきたりです。しかし、小規模な家族葬がふえた現在は、考え方も変わってきています。

●喪中欠礼か年賀状か　家族葬など、広い範囲に不幸を知らせていない場合は、仕事関係者・不幸を知らない友人知人には年賀状、親族には喪中欠礼と2種類を作成する人がふえています。

●喪中の期間　現在は、不幸があった年には翌年の年賀状を控えるのが一般的です。本来、喪中期間は故人との関係によって異なるとされますが、その目安としているのが明治時代の法令のため、現代社会にはそぐわない面もあります。

●喪中の範囲　配偶者、父母、子のほか、図に示した範囲で不幸があったときには欠礼状を出すのが一般的です。ただし、決まったルールはないので「悲しみが深ければ年賀状は出さない」と柔軟に考えればよいでしょう。

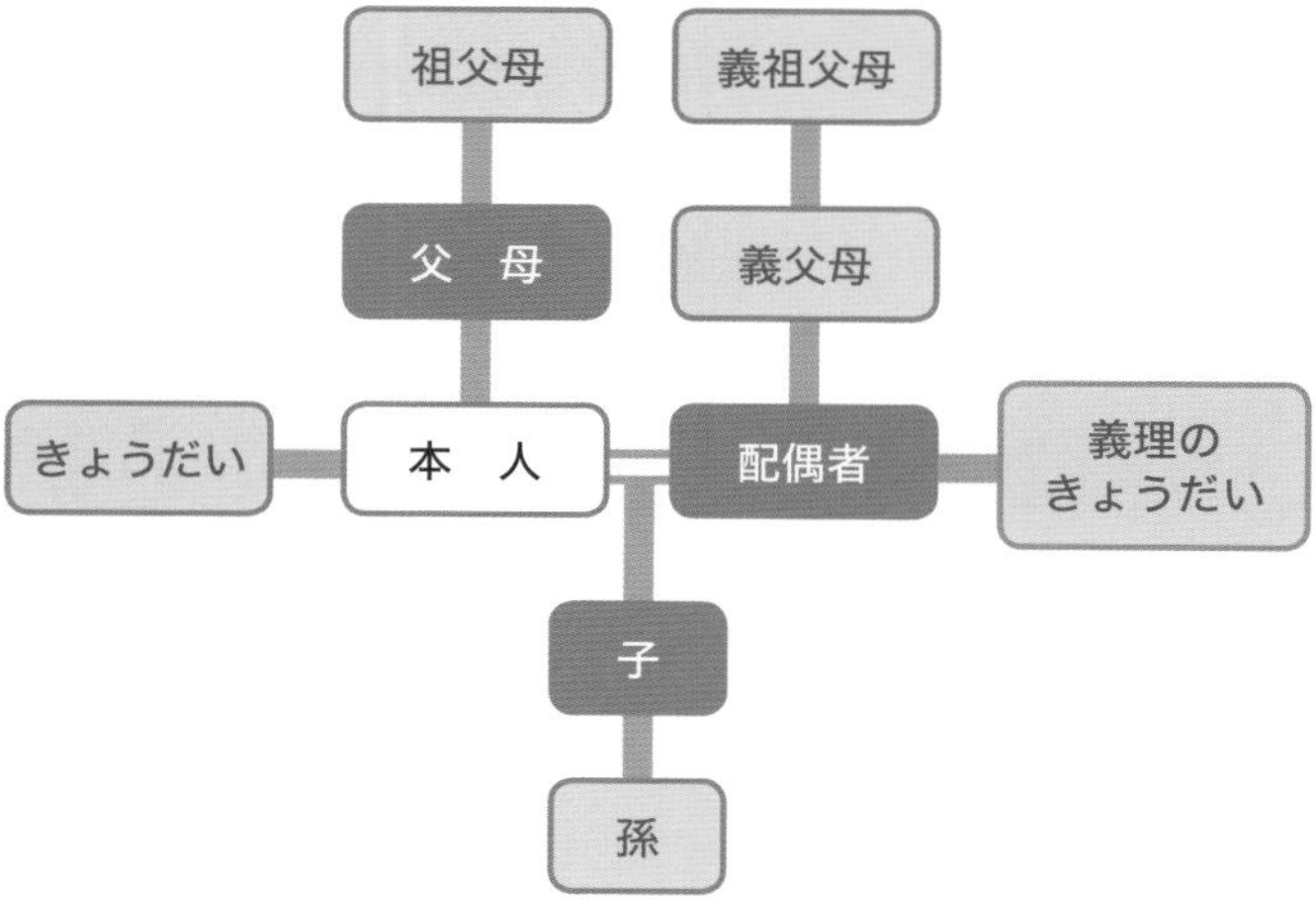

喪中欠礼のサンプル文例

私製はがきに弔事用の切手を貼って出すのがていねいですが、郵便はがきを使ってもかまいません。

❶喪中につき　年始のごあいさつを
控えさせていただきます
❷＊月＊日　父〇〇〇〇が享年八十で他界いたしました
❸生前賜りましたご厚情に感謝いたしますとともに
❹明年も変わらぬご交誼のほどを
よろしくお願い申し上げます
❺令和＊年冬
住所
差出人名

喪中欠礼の基本構成

❶欠礼のあいさつ……印刷所などのサンプル文例では「年末年始」と記してあるケースも多いのですが、年末のごあいさつ（お歳暮など）は喪中に行ってもよいので「年始」とします。

❷喪中の報告……命日、続柄、故人の名前、享年。通常、死因にはふれません。

❸生前お世話になったお礼

❹今後につなげるあいさつ

❺日付……「＊日」までは記さず、「11（12）月」「冬」などの表記にするのが一般的です。

喪中欠礼のオリジナル文例 ❶

家族葬で見送ったとき（年末／年始）

【年末に出す場合・欠礼あいさつのあとに】

＊月＊日に母○○（享年＊＊）が永眠いたしました　さっそくお知らせすべきところでしたが　故人の遺志により　葬儀は身内だけでとり行いました

お知らせをさし上げなかった失礼をお許しください

生前に賜りましたご厚情に深く感謝いたしますとともに明年も変わらぬご厚誼のほどをよろしくお願い申し上げます

【年始（8日以降）に出す場合・寒中見舞いあいさつのあとに】

お年始状をいただき、ありがとうございました。実は、昨年＊月＊日に母○○が永眠いたしました。故人の遺志により身内だけで葬儀はとり行いましたため、お知らせをさし上げなかった失礼をお許しください。

生前に賜りましたご厚情に深謝いたしますとともに　本年も変わらぬご厚誼のほどをよろしくお願い申し上げます

ポイント

家族葬では、欠礼状によって不幸を知る人が多いので「故人の遺志により身内だけ」「お知らせが行き届かず失礼」の2点を添えます。

■応用

句読点をつけてもよい

喪中欠礼は儀礼的な文書なので、句読点をつけないのが一般的です（くわしくは122ページ）。しかし、年始に寒中見舞いの形でお知らせするなら、通常の手紙のように句読点をつけてもかまいません。

喪中欠礼のオリジナル文例❷

妻の親が亡くなったとき

【欠礼あいさつのあとに】

♥*月*日、妻の父○○○○が*歳で永眠いたしました

平素のご芳情に心より御礼を申し上げますとともに

明年も変わらぬご厚誼のほどをよろしくお願い申し上げます

令和*年12月

伊藤大輔

美咲

妻の親が亡くなったときの対応の基本

①年賀状を夫婦連名で出していたとき→喪中欠礼を出す。

②年賀状を夫・妻それぞれの個人名で出していたとき→妻は喪中欠礼。夫は個人で判断(年賀状を出す例も多い)。

※パソコンで作成するなら、親族には喪中欠礼、故人と面識がない人には年賀状、などと作り分ける方法も考えられます。

ポイント

故人を、差出人の筆頭である夫から見た「義父」「岳父」とする考えもあります。しかし妻にとっては実父であり、違和感を覚える女性が多いもの。決まったルールはありませんが「妻の父」とするほうが好感度大です。

♥マナー

「妻」が行頭にならないように調整日付から始めれば、さりげない文面になります。

喪中欠礼のオリジナル文例❸

年末に不幸があったとき

◆寒中お伺い申し上げます

ごていねいな♥お年始状をいただきまして、ありがとうございました。

実は、昨年12月20日に父○○が＊歳で他界いたしましたので、年始のごあいさつを控えさせていただきました。連絡が行き届かず、失礼のほどどうぞお許しください。

厳しい寒さがつづきますが、どうぞご自愛くださいますようお祈りいたしております。

12月に不幸があったときの対応の仕方

年賀状の受付開始(例年12月15日ごろ)を目安に考えます。

▼12月上旬の不幸→10日までに投函できるなら喪中欠礼

▼12月中旬～下旬の不幸→翌年の松の内(7日まで)が過ぎてから、寒中見舞いの形でごあいさつをする

ポイント

相手は「年賀状を出したのに返事が来ない」と心配しているかもしれません。なるべく早く投函します。

◆なるほどMEMO

目上のかたには「お見舞い」ではなく「お伺い」に

「見舞う」には特に尊敬の意味がないので、「寒中お伺い」とするとていねいです。

♥マナー

「年賀」はめでたいのでNG

「賀」は祝うという意味ですから、年賀状は「お年始状」と言いかえます。

PART
4

法要のあいさつと手紙

法要の案内は文書で行うのが基本です。また、法要のときは、主催者である施主が参列者に向けてあいさつをします。四十九日法要では、寂しさや苦しさの中でも気持ちを強く持ちたいという願いを、一周忌法要では少しずつ立ち直りつつある思いを、と時間の経過に応じて「悲しみの色」を少しずつ薄くしていきます。

法要に必要なあいさつと手紙の基本

法要の施主(主催者)は、葬儀の喪主が務めるのが一般的です。

法要では、まず僧侶に読《ど》経《きょう》してもらい、終了後にはお斎《とき》(会食の席)を設け、僧侶と招待客をもてなします(準備のタイムスケジュールは35ページ)。

招待者への案内は文書または電話で行い、法要は施主が司会進行し、参列者には後日お礼状をお送りするというのが、大まかな流れです。

必要なあいさつと手紙	時期	内容	文例ページ
寺院への依頼あいさつ	四十九日法要は葬儀当日または後日一周忌法要以降は60日前をめどに	僧侶のご都合を伺い、日時・場所を設定	138
招待者への案内	四十九日法要は葬儀当日または後日一周忌法要以降は40～50日前をめどに	日時・場所を案内して出席を依頼(基本は文書で案内するが、準備期間の短い四十九日法要や、少人数で営む法要の場合は電話でもよい)	139

寺院との打ち合わせ	1～2週間前	①日時・場所の確認 ②お斎（会食）への招待（ご出席いただけない場合は「御膳料」を包む）	
法要開始のあいさつ	法要の当日	参列のお礼／開始を告げる	146
僧侶へのあいさつ		読経へのお礼／お布施を渡す	146
お斎開始のあいさつ		法要終了のお礼／お斎の案内	147
お斎終了のあいさつ		参列のお礼／今後の交誼のお願い	147
法要欠席者へのお礼状	法要終了後～1週間以内	御供物（料）へのお礼	156

法要後の会食の流れ（僧侶とともに会食する場合）

1. **施主による開始のあいさつ**
（僧侶が上座、施主は僧侶をもてなすために隣席につく。その他の遺族は末席）
2. **僧侶法話**
3. **献杯あいさつ**
（葬儀の際の世話役、親族代表など主賓クラスの人が行う）
4. **会食**
5. **参列者のスピーチ**
（故人の思い出話などを語っていただく。大規模な法要の場合は、事前に依頼しておく）
6. **施主による終了のあいさつ**

四十九日法要

寺院に法要の営みを依頼し、招待者へ案内します

法要は四十九日または命日の当日に営むのが本来の方法です。ただ、人が集まりやすい休日に設定したい場合は、繰り上げて営むのがしきたりです。

文例

還骨法要後、寺院へ四十九日法要を依頼する

ごていねいなお勤めをありがとうございました。今後ともどうぞよろしくお願いいたします。

四十九日は＊月＊日になります。ちょうど日曜日ですので、この日に法要を営みたいと考えておりますが、ご住職様のご都合はいかがでしょうか。

文例

寺院へ電話で一周忌法要を依頼する

＊月9日の葬儀とその後の四十九日法要でお世話になりました〇〇〇〇と申します。心ならずもご無沙汰を重ね、たい

ポイント

葬儀の日、四十九日がいつになるかを調べて僧侶に法要を打診し、日程の調整がついたら、還骨《かんこつ》法要の席で列席者に案内しておくのが最も効率的です。

マナー

僧侶の都合を最優先して

日程は、僧侶の都合を聞いて決定します。先に日取りを決めての依頼は失礼です。

へん申しわけありません。
早いもので、＊月9日には一周忌を迎えます。つきましては、ささやかな法要を営みたいと存じます。本来9日に営むべきなのは承知しておりますが、遠方の親族もおりますため、6日の土曜日または7日の日曜日にと考えております。ご住職のご都合はいかがでしょうか。

文例

親族へ電話で四十九日法要の案内をする

このたびの葬儀ではいろいろとお心づかいをいただきましてありがとうございました。
おかげさまで、私どもも少しずつですが落ち着いてきております。
実は、早いもので＊月＊日が四十九日となります。午前10時から＊＊寺で納骨と法要を行い、その後、ささやかなお食事の席を設けたいと考えておりますが、ご都合はいかがでしょうか。

ポイント

月参り（月に1度、自宅でお経をあげてもらうこと）を受けているなら口頭で、受けていないときは、電話でご無沙汰のおわびを述べてから切り出します。

ポイント

日時・場所・開始時刻など、情報を正しく伝えるためには、文書（文例は140ページ）で案内するのがベターです。しかし、近親の少人数で営む場合などは、近況報告を兼ねて電話で案内してもOKです。

四十九日
法要

四十九日法要の案内状❶（基本）

❶謹啓　❷★梅花の候　皆さまにおかれましてはご清栄のこととと存じます

❸先般　亡父の葬儀には　お忙しい中ご会葬いただき　そのうえ丁重なご弔慰を賜りまして　まことにありがとうございました

❹さて来る三月十五日は

亡父　○○院○○○○

七七日《なななぬか》にあたります　つきましては当日左記のとおり法要を営みたく存じます　ご多用中とは存じますがなにとぞ❺ご出席賜りますようご案内申し上げます

❶謹　白

❻♥令和＊年二月

東京都千代田区神田駿河台○—○

施主　○○○○

ポイント

文書で案内する場合は、二つ折りカードなどに印刷し、出欠連絡用の返信はがきを添えて封書で送るのが基本です。

★注意点

おめでたい表現は避ける

時候のあいさつでの「春爛漫の候」「爽秋の候」、安否のあいさつでの「お慶び申し上げます」など、明るい印象の表現は控えます。

❼記

❽日時　令和＊年三月十五日(日)午前十一時より
◆場所　＊＊寺(住所、地図など)

❾なお　法要のあと　＊＊寺別院にて粗餐を用意しております　お手数ではございますが　❿三月五日までに同封のはがきにてご都合をお知らせくださいますようお願い申し上げます

基本の構成

❶頭語と結語
❷時候・安否のあいさつ
❸会葬・お悔やみへのお礼
❹故人名と法要名
❺出席の要請
❻後付け(日付、差出人住所氏名)
❼記書き(「以上」は不要)
❽法要開催の日時・場所
❾会食の案内
❿出欠の案内

♥マナー

法要の1カ月前には届くように送る

先方の都合もあるので、余裕を持って案内します。返信の期限は、法要の7〜10日前に設定します。

◆なるほどMEMO

場所は寺院・自宅以外に墓地・ホテルなどでも

大規模なら寺院、小規模なら自宅を第一候補に考えます。交通アクセスや当日の進行によっては、法要室を併設した墓地や、法要プランを扱うホテルも検討しましょう。

四十九日
法要

四十九日法要の案内状❷（納骨も行うとき）

■謹啓　日増しに秋の気配が濃くなってまいりましたが
皆さまにおかれましてはご清祥にお過ごしのことと存じます
　先般母○○の葬儀に際しましては　お忙しい中ご会葬賜り
さらにはご厚志までいただきましたこと　あらためて心より
御礼申し上げます
　さて　来る＊月＊日は亡母の四十九日にあたります　つき
ましては　左記のとおり法要を営み　併せて納骨もとり行い
たく存じます
　皆さまにはご多用のところ　霊園での納骨にもお立会いい
ただくことになりますが　何卒よろしくお願い申し上げます
　なお、法要と納骨のあとには、供養のしるしに近くの料亭
○○にて粗餐をさし上げたく存じます　お手数ですが＊月＊
日までに同封のはがきにてご都合をお知らせくださいますよ
うお願い申し上げます
敬白

ポイント

文例のあとに、記書きで日時・場所、移動方法（バスの準備の有無など）を案内します。

■応用

法要の案内状は句読点を用いる体裁でもOK

カードに印刷するなど、フォーマルにととのえるときは儀礼を重んじて「句読点なし」の文面にするのが基本です。しかし、身内だけの集まりなら、左ページの文例のように句読点を用いてもかまいません。

四十九日
法要

四十九日法要の案内状❸（ソフトに）

霜寒の候となりましたが、皆さまにはおすこやかにお過ごしのことと存じます。先般、亡夫○○の葬儀に際しましては、お忙しい中ご会葬いただき、まことにありがとうございました。皆さまからのあたたかいお慰めを受け、少し気持ちが落ち着いてきたところです。

さて、早いもので、来る＊月＊日は、亡夫の四十九日にあたります。ご縁のあった皆さまに遠方からお運びいただくのも心苦しく、ごく親しいかただけをお招きして、自宅でささやかな法要を営むことにさせていただきました。

午前11時より読経、その後、心ばかりの会食の席を設け、皆さまから故人の思い出話などをお聞かせ願えればと存じます。なにかとご多用の折に恐縮ですが、ご出席賜りますようお願い申し上げます。♥ご都合につきましては、後日あらためてお電話で伺う所存です。

かしこ

ポイント

会合の案内をする場合は、日時や場所を記書きで別立てにするほうがわかりやすいものです。しかし、自宅で法要を営むときは日時だけを伝えればよいので、文章の中で案内してもよいでしょう。

♥ マナー

出欠は主催者が聞く形で

少人数の場合は返信用のはがきを同封せず「後日、都合を伺うために連絡する」という方法をとることもあります。いずれにせよ相手に負担をかけない方法をとるのが礼儀です。

四十九日法要

五十日祭の案内状(神式)

謹啓　早春の候　ご一同様にはご清祥のことと存じます
先般　亡妻○○の葬場祭の節は　ごていねいなご弔慰を賜り
まして　あらためて厚く御礼を申し上げます
さて　来る*月*日に五十日祭を営みたく存じます
ご多用中まことに恐縮ではございますが、ご出席を賜りたく
ご案内申し上げます
謹　言

日時　令和*年*月*日(土)午前*時より
場所　**斎場
なお、霊祭後に◆直会の粗餐をご用意いたしております
(日付、施主の住所氏名)
お手数ではございますが*月*日までにご出欠のほどを同封の
返信用はがきにてお知らせくださいますようお願いいたします

ポイント
神式では、五十日祭をもって忌明けとします。案内状の構成の仕方は、仏式の場合と同じです。

◆なるほどMEMO
直会とは
祭の終了後に、神前に供えた御饌神酒《みけみき》を、神官と参列者でいただくことをさします。弔事《ちょうじ》に限らず、夏祭りや地鎮祭などの慶事でも直会《なおらい》を行います。

四十九日
法要

記念会の案内状（キリスト教式）

花の便りが聞かれるころとなりましたが、皆さまにはおすこやかにお過ごしのことと存じます。

先日、亡母○○の葬儀の際は、皆さまからさまざまな★お支えをいただき、まことにありがとうございました。

月日のめぐるのは早いものだと実感するきょうこのごろでございます。私ども家族の節目といたしまして、このたび、＊月＊日午後3時より、自宅におきましてささやかな記念会を開くことといたしました。お世話になりました皆さまへの感謝の気持ちをお伝えしつつ、故人を偲ぶひとときになればと考えております。

ご多用の折とは存じますが、お運びいただければたいへんありがたく存じます。ご都合のほどにつきましては、後日あらためましてこちらからご連絡いたします。

まずはご案内のみにて失礼いたします。

ポイント

キリスト教には、「○日（年）忌」という概念がありませんが、日本の慣習を踏まえて「節目の会」を開くことはあります。

★注意点

キリスト教式の場合の表現は教会に確認を

「支えていただいた感謝」という表現を用いますが、教会により考え方が違うので事前に確認します。

四十九日法要

法要の施主あいさつ❶

基本の流れ

文例

法要開始のあいさつ

本日は、皆さまお忙しい中ご列席いただきまして、まことにありがとうございます。

それでは、これより、★父○○○○(俗名)四十九日法要(＊回忌法要)を始めさせていただきます。

では、ご住職様、どうぞよろしくお願いいたします。

文例

法要終了後、僧侶がお帰りになるときのあいさつ

ご住職様、本日は、ごていねいなお勤めをありがとうございました。おかげさまで無事に法要を営むことができました。

♥こちらは気持ちばかりでございますが、どうぞお納めください。どうか今後ともよろしくお願い申し上げます。

ポイント

施主が参列者にあいさつするのは、①法要開始時、②お斎開始時、③法要・お斎終了時の3回です。

★注意点

俗名でよいか僧侶に確認

法要は仏事なので、正式には戒名(法名・法号)で案内しますが、俗名のほうが参列者にはなじみ深いもの。俗名で案内してもよいかどうか、事前に僧侶に確認しておくと安心です。

文例

お斎（会食）を始める前のあいさつ

おかげさまで、このたびの法要を無事に営むことができました。■（ご住職様には、お心のこもったお勤めをいただき、ありがとうございました。）故人もさぞ安心していることと存じます。皆さまには、故人の生前と同様のおつきあいを、心よりお願い申し上げます。

簡単ではございますが、お膳をご用意いたしました。おくつろぎいただき、父の思い出話などをお聞かせ願えればと存じます。それでは、お斎の開始にあたりまして、○○おじさんから献杯のごあいさつを頂戴したいと存じます。どうぞよろしくお願いいたします。

文例

お斎終了時のあいさつ

皆さま、お忙しい中をいままでおつきあいいただきありがとうございました。話は尽きませんが、遠方のかたもいらっしゃいますので、このあたりで閉会とさせていただきます。本日は、まことにありがとうございました。

♥マナー

お布施は僧侶がお帰りになるときに渡す

お斎に同席する場合は、会食のあとに「長時間にわたりおつきあいいただきありがとうございました」というお礼も添えてお渡しします。

■応用

僧侶が出席しないときは

法要がすんだら僧侶にお礼を述べ、お布施をお渡ししてお見送りしてから、お斎を始めます。その場合、開始時のあいさつ文例では、カッコ内の、僧侶へのお礼は省略します。

四十九日法要

法要の施主あいさつ❷

僧侶へのお礼をていねいに

列席・葬儀会葬のお礼

皆さま、本日は、亡き母○○○○の四十九日法要のためにお集まりいただきまして、まことにありがとうございます。また、先般の葬儀の際にはあたたかいお心づかいをいただき、あらためて厚く御礼を申し上げます。

僧侶へのお礼

ご住職様には、ごていねいなお勤めとご法話を賜りましたこと、たいへんありがたく存じております。「法要はどんな気持ちでお勤めしたらよいのか」というお話は、深く心にしみ入りました。今後とも、どうぞよろしくお願い申し上げます。

心境

母の旅立ちは、あまりに急なものでした。私どもはただあわてるばかりで、悲しみにひたる間もなく葬儀を終えたような気がいたします。■1カ月以上が過ぎたいま、母を失った寂しさが身にしみるようになりました。

ポイント

四十九日法要は、葬儀から1カ月半ほどたったころに行われます。まだ葬儀の記憶が新しい時期のため、会葬や弔慰《ちょうい》についてのお礼も盛り込むとよいでしょう。

■応用

心境を語る表現

死亡直後のように悲嘆にくれるあいさつでは、参列者が心配します。逆に、あまりに明るくふるまうのも不自然。四十九日の段階では、「立ち直りの兆しがある」という表現が妥当です。

施主の

親孝行らしきものもできないままだったという後悔はあります。しかし、これから私どもが、遺された父を支え、守っていくことが、母への遅ればせながらの親孝行になるのではないかと考えているところです。

皆さまには、母の生前同様の親しいおつきあいのほどを、心よりお願い申し上げます。

納骨について

四十九日の忌明けを迎えるのを節目に、納骨を行うことが多いのは存じております。ただ、実は、まだ母と離れがたいという思いが父には強く、首を縦に振りません。いずれ、◆時期を見て家族で行おうと考えております。

会食の案内

本日は、ささやかではございますが、供養のしるしといたしまして、お食事の席を設けております。母の思い出話などをお聞かせいただきながら、お召し上がりください。

献杯の依頼

はじめに、○○様より、献杯のごあいさつを頂戴したいと存じます。

○○様、どうぞよろしくお願いいたします。

・ようやく少し落ち着いてきたところです。
・いろいろな手続きがあり、その忙しさが悲しみを少しだけ癒《いや》してくれるような気がしております。

◆なるほどMEMO

納骨していないときは説明を加える

四十九日法要に合わせて納骨を行うケースが多いもの。納骨を行っていないときは、「現在、墓を建てている」などの事情を説明し、納骨の見通しを示すと参列者が安心します。

四十九日法要

法要の施主あいさつ❸

施主の心情を率直に述べる

参列者へのお礼

皆さま、お忙しいところ、妻○○の四十九日法要のためにお運びいただきまして、まことにありがとうございます。おかげをもちまして、無事に法要を営むことができました。

心情①

本日は、ごく親しい皆さまだけの集まりですので、正直に申し上げますが、私は○○のいない生活に、まだ慣れることができません。

帰宅すると、家にはだれもいないのに、インターホンを押そうとします。

妻が丹精していた庭木が花をつけたのを見つけると、家の中の妻を「おーい」と呼ぼうとします。

こんなときには、作家の城山三郎さんのエッセイのタイトルが頭に浮かびます。

ポイント

四十九日といえば、不幸から1カ月半。遺族の悲しみはまだ癒えていない時期です。寂しさや悲しさを率直に表現するあいさつ（施主の心情①）は、列席者の心に響くことでしょう。しかし、そのまま終わってしまっては、切なさとやるせなさばかりが残ります。法要を節目に、気持ちを切りかえようとする前向きな表現（施主の心情②）で結ぶことが大事です。

◆♣『そうか、もう君はいないのか』

愛する家族を失ったことのあるかたなら、自分の半身をそがれたようなこの感情を、即座にご理解いただけることと思います。頭では、現実を受け入れているつもりなのですが、長年の慣習は、そう簡単に変えることができないことを痛感しました。

しかし、先ほどから、皆さまのあたたかい慰めのお言葉を受け、このままではいけないと考えるようになりました。きょうを節目として、なんとか気持ちを切りかえなければと思っております。

なんとも情けない話をしてしまいましたが、どうかこれからもよろしくおつきあいくださいますよう、お願いいたします。

本日は、ささやかな一席を設けております。お時間の許す限り、おくつろぎいただければと存じます。

○○おじさん、恐れ入りますが、献杯のごあいさつをお願いできますでしょうか。

◆なるほどMEMO

多くの人が共感できるフレーズで

直木賞作家・城山三郎の遺稿を編集したエッセイのタイトルです。先立たれた夫人との結婚から死別までの思い出がつづられています。

♣話し方

間をとってからタイトルを言う

「頭に浮かびます」のあと、1～2拍の間をとってから、実際に自分がつぶやくようにタイトルを口にすると、情感がこもったあいさつになります。

一周忌以降

一周忌法要の案内状・基本／カードに印刷

謹啓　＊＊の候　皆さまにおかれましてはご清栄にお過ごしのことと存じます

さて　来る＊月＊日は　亡き父○○の一周忌にあたります

つきましては　左記のとおり法要を営みたく存じます

皆さまにはご多用とは存じますが　何卒■ご焼香賜りますよう　ご案内申し上げます

謹白

（日付、施主の住所氏名）

記

日時　＊月＊日(日曜日)午前11時より

場所　＊＊ホテル3階＊＊の間

なお法要ののち同所にて粗餐をさし上げたく存じます　お手数ながら＊月＊日までに　ご都合のほどを同封の返信用はがきにてご一報賜りますようお願い申し上げます

ポイント

一周忌以降の案内状の基本文例です。句読点を使わずに儀礼文書の体裁でととのえ、返信用はがきを同封して封書で案内します。

■応用

出席をお願いする表現

・ご臨席賜りたく

・ご列席いただきたく

とすることもできます。「ご光臨」「ご来駕」は慶事の式典によく用いられる表現のため、法要の案内には、やや大げさな印象を与えます。

一周忌以降

三回忌法要の案内状・やわらかい表現で

拝啓　残暑厳しき折ではございますが、皆さまにはお変わりなくお過ごしのことと存じます。

■月日のたつのは早いもので、夫○○が他界いたしましてから、早くも2年がたとうとしております。一時はぼう然自失としておりましたが、皆さまのあたたかい励ましとお力添えのおかげで、無事に◆消光しております。

つきましては、来る＊月＊日(日)午前11時より、自宅におきまして三回忌の法要を営みたいと存じます。生前、親しくしていただいたかただけのささやかな集まりでございますが、ご焼香いただければ、夫もさぞ喜ぶことと存じます。

なお、法要後は心ばかりの御膳を用意しておりますので、どうぞよろしくお願い申し上げます。

お手数ですが、同封のはがきにて、ご都合をお知らせくださいますようお願いいたします。

敬　具

ポイント

近親者だけの法要を自宅で営む場合は、相手に語りかけるようなソフトな文章がマッチします。

■応用

時間の流れの早さを表現

・いつの間にか季節もうつろい(一周忌向き)

・光陰矢の如しと申しますが(三回忌以降向き)

◆なるほどMEMO

消光＝「暮らす」こと

法要の案内やあいさつにぴったりの、つつましさが感じられる謙譲表現です。

一周忌以降

一周忌法要での施主あいさつ

立ち直りつつある近況を報告する

参列のお礼

本日はお忙しいところ、夫○○の一周忌法要のためにお運びいただき、まことにありがとうございました。

皆さまから香を手向けていただいて、故人もさぞ喜んでいることと存じます。

施主の心境

結婚して40年、ずっと夫がそばにおりましたので、当初は一人暮らしにとまどっておりました。それでも、娘や息子夫婦が、ことあるごとに様子を見に立ち寄ってくれることで、どうにか以前の生活をとり戻したように思います。皆さまにもご心配をおかけいたしましたが、そのような次第ですので、どうぞ◆ご休心くださいませ。

会食の案内

本日は、心ばかりの席ですが、夫の思い出話などをお聞かせいただければと思います。

皆さま、ほんとうにありがとうございました。

ポイント

一周忌法要での近況報告は「徐々に悲しみが癒されている」「少しは立ち直っている」など、やや前向きに表現します。

◆なるほどMEMO

手紙用語の「休心」だが法要のあいさつには◎

「安心」と同じ意味で、主に手紙文に使いますが、控えめな印象があり、弔事あいさつに適しています。

一周忌以降

三回忌法要での施主あいさつ

これまでの年月を振り返って

参列のお礼

♣こうして親族が集まるのは、久しぶりですね。本日は、母○○の三回忌法要にお越しくださいまして、まことにありがとうございます。

施主の心境

母を見送って2年がたちました。一時は憔悴していた父も、笑顔を見せる時間がふえてきたように思います。私どもの家でも、娘のところに初孫ができるという大きなできごとがありました。母にとってはひ孫ですから、存命していれば、どんなに喜んだことかと思います。

夏休みなどに皆が集まりますと、そこに母の姿がないのはやはり寂しいものです。しかし、母は父のことを、そして孫やひ孫の成長を、見守ってくれていることでしょう。

会食の案内

きょうは、ほんとうに近しい親族だけの集まりです。どうぞおくつろぎになってお過ごしください。

ポイント

三回忌以降は、不幸から時間が経過し、場の雰囲気もなごやかになります。子どもの誕生など、明るい話題を入れてもよいでしょう。

♣話し方

平易な表現で参列者に語りかける

近親者だけなら「本日はご参列賜り」など堅苦しいあいさつは不要。参列へのお礼を、率直に述べます。

法要のお礼状

欠席者に出す御供物(料)のお礼

拝啓　浅春の候、ご家族の皆さまにはご清祥にお過ごしのことと存じます。

さて、先日の亡父○○一周忌に際しましては、ごていねいなお手紙とご厚志をいただき、まことにありがとうございました。お忙しいのを承知でお招き申し上げ、心苦しく存じておりましたのに、過分なお心づかいをいただき、恐縮しております。

おかげさまで、法要を滞りなく営むことができました。♥供養のしるしに心ばかりのものをお届けいたしますので、ご受納くださいますようお願い申し上げます。

今後とも、なにとぞ変わらぬご厚誼のほどを、心よりお願い申し上げます。

まことに略儀ではございますが、まずは書中をもちまして御礼申し上げます。

敬具

ポイント

法要には欠席したが、供物《くもつ》(料)を送ってくれた人には、法要後1週間以内をめどにお礼状を出します。

♥マナー

法要の引き物を返礼品として送る

通常は、お礼状だけでなく、いただいた供物(料)に応じた返礼品といっしょに送ります。

PART 5

遺族と参列者の服装・お金・お参りのマナー

家族を失って葬儀を行うとき、また会葬者として葬儀に参列するときに覚えておきたい「たしなみ」をご紹介します。悲しみの気持ちをあらわす装いをし、お悔やみの心を形にかえて金品を贈り、さらに正しい作法でお参りをすることで、亡くなったかたへの敬意と哀悼の気持ちをあらわすことができるのです。

遺族・参列者の場合

服装のマナー

納棺までは喪服を着用せず、地味な装いで

〈危篤と聞いて駆けつけるとき〉

「とるものもとりあえず」の装いだが、遠方なら喪服の準備も

知らせを聞いたときの服装のままでかまいませんが、女性の場合、華美なアクセサリーや光る素材の服、しっかりメイクは場にそぐわないので控えます。

宿泊を伴うほどの遠方から向かうときは、万一に備えて喪服も準備し、持参するか家族に託します。持参する場合、あたかも死を予期しているように大荷物を持ち込むのは失礼なので、コインロッカーに預けるなどの配慮が必要です。

〈自宅へ弔問に行くとき、受けるとき〉

喪服は着用しないが、あまりにカジュアルな装いは避ける

喪服を着るのは、納棺時からです。それ以前は「地味な平服」を基本にします。ただし「平服」とは、礼装でなくてもよいという意味です。Tシャツに短パン、スウェットにジーンズといったカジュアルな装いは不似合いです。

● 自宅に弔問に行くとき

伺う側も、弔問を受ける側も、喪服ではない「地味めの服装」で。

「準備万端」を想像させる服装と行動はＮＧ

自宅に弔問に行くときに喪服。

病室にスーツバッグを持ち込む。

遺族の場合

服装のマナー

通夜から葬儀告別式までは正式な喪服で

通夜は、本来は身内だけの集まりで、正式な喪服は着ませんでした。しかし、近年は、一般の会葬者が通夜に多く参列するようになったため、遺族も喪服を着るようになっています。女性の場合、和洋で格の違いはないのですが、「和服のほうが正式」と考える人も多いものです。故人の配偶者、娘など近い関係の場合は、可能なら和装にするのがよいでしょう。貸衣装を利用する方法もあります。

シーン別・遺族の服装の例

	通夜	葬儀告別式	一周忌まで	三回忌以降
男性	略礼服（ブラックスーツ）	モーニングコート、略礼服	略礼服	濃い色の無地スーツ
女性（洋装）	正式な喪服	正式な喪服	正式な喪服	喪服に準ずる装い
女性（和装）	黒無地染め抜き五つ紋	黒無地染め抜き五つ紋	黒無地染め抜き五つ紋	色無地一つ紋または三つ紋

● 遺族が着用する正式な喪服

女性(和装の場合。
洋装はp.162参照)
口紅
「片化粧」として紅は引かないのがしきたりだが、マットなベージュ系ならOK。
ヘア
小さめにまとめる。ヘアカラーは一時的にでも黒髪に戻しておきたい。
帯
黒の袋帯か名古屋帯、おたいこを小さめに結ぶ。
喪服
黒無地染め抜き五つ紋。羽二重または一越ちりめん、夏は絽。
アクセサリー
結婚指輪以外はつけない。真珠、黒真珠、ジェットなどはOK。
草履
布製の黒無地、鼻緒も黒。
男性
略礼服
(ブラックスーツ)
ネクタイ
弔事用の黒無地(織りの模様はOK)
ソックス
黒無地
靴
黒のひも革靴が正式。光る金具のついていないものを選ぶ。

参列者の
場合

服装のマナー

女性は通夜・葬儀ともに喪服着用が一般的

以前は「通夜に喪服を着るのは、前もって準備していたようでＮＧ」「身内だけの通夜は平服、葬儀告別式は喪服」といわれていました。しかし、現在は一般会葬者も通夜に伺いますし、通夜だけ参列して葬儀告別式は失礼するケースがふえ、通夜から喪服を着るのがスタンダードになりました。ただ、勤務先から通夜に直行する場合などは、喪服ではなく黒の上下でもよいでしょう。マナー上は紺やグレーでもよいとされていますが、葬儀の会場では黒以外の色がたいへん目立つため「黒色」にまとめることをおすすめします。

シーン別・女性参列者の服装の例

	通夜	葬儀告別式	一周忌まで	三回忌以降
洋装	喪服、黒無地のワンピースなど	喪服、黒無地のワンピースなど	喪服、地味な色のワンピース、スーツなど	地味な色のワンピース、スーツなど
和装	地味な色無地一つ紋に黒喪帯	地味な色無地一つ紋に黒喪帯	地味な色無地にグレー、紺などの色喪帯	色無地や小紋にグレー、紺などの色喪帯

● 女性参列者が着用する喪服

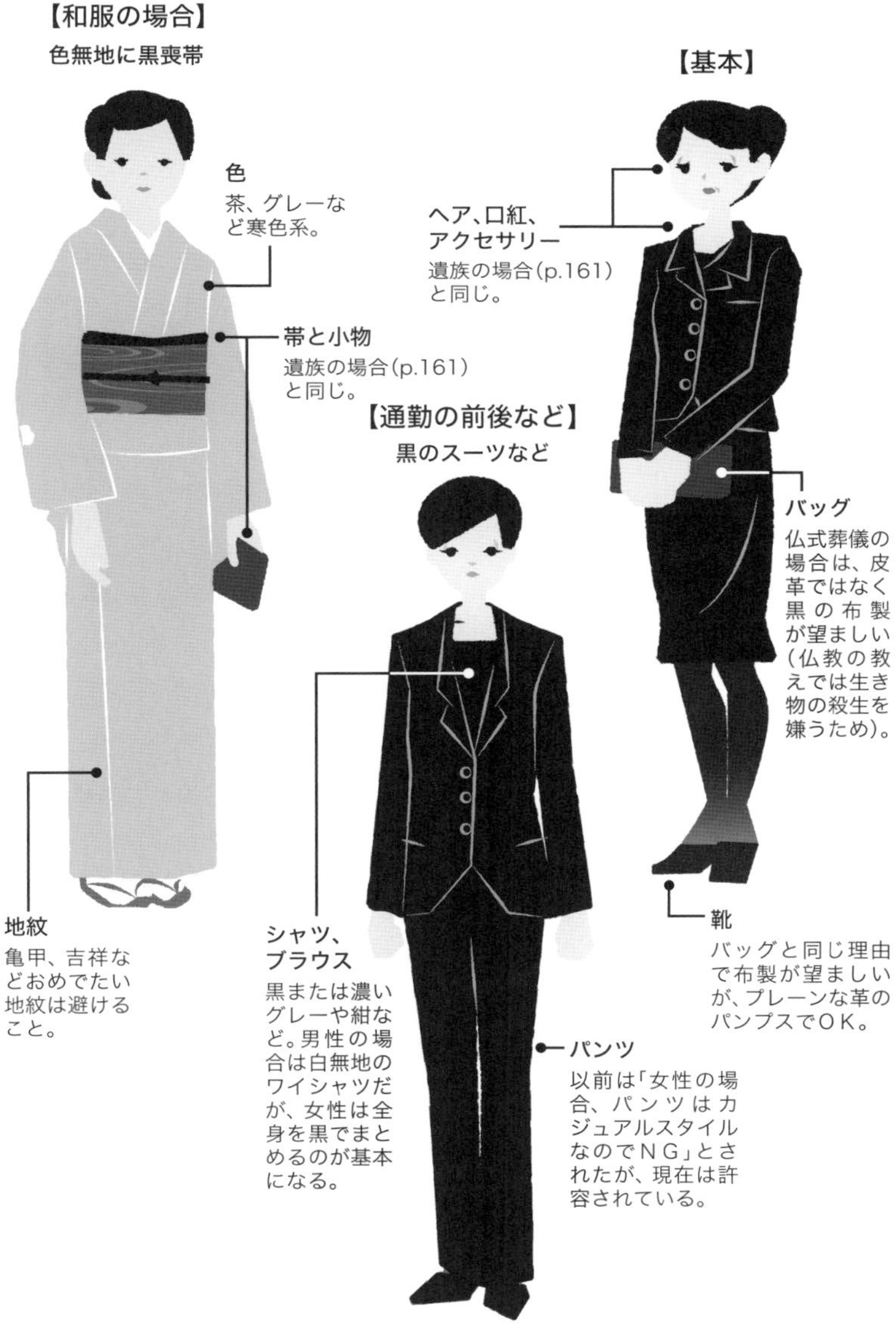

【和服の場合】
色無地に黒喪帯
色
茶、グレーなど寒色系。
帯と小物
遺族の場合(p.161)と同じ。
地紋
亀甲、吉祥などおめでたい地紋は避けること。
【基本】
ヘア、口紅、アクセサリー
遺族の場合(p.161)と同じ。
バッグ
仏式葬儀の場合は、皮革ではなく黒の布製が望ましい(仏教の教えでは生き物の殺生を嫌うため)。
靴
バッグと同じ理由で布製が望ましいが、プレーンな革のパンプスでOK。
【通勤の前後など】
黒のスーツなど
シャツ、ブラウス
黒または濃いグレーや紺など。男性の場合は白無地のワイシャツだが、女性は全身を黒でまとめるのが基本になる。
パンツ
以前は「女性の場合、パンツはカジュアルスタイルなのでNG」とされたが、現在は許容されている。

参列者の場合

服装のマナー

男性は、黒の略礼服か濃い色の無地スーツで

世話役や弔辞《ちょうじ》を頼まれている場合は略礼服を着ますが、それ以外の参列者は、濃い色で無地のビジネススーツでかまいません。

● 男性参列者の服装

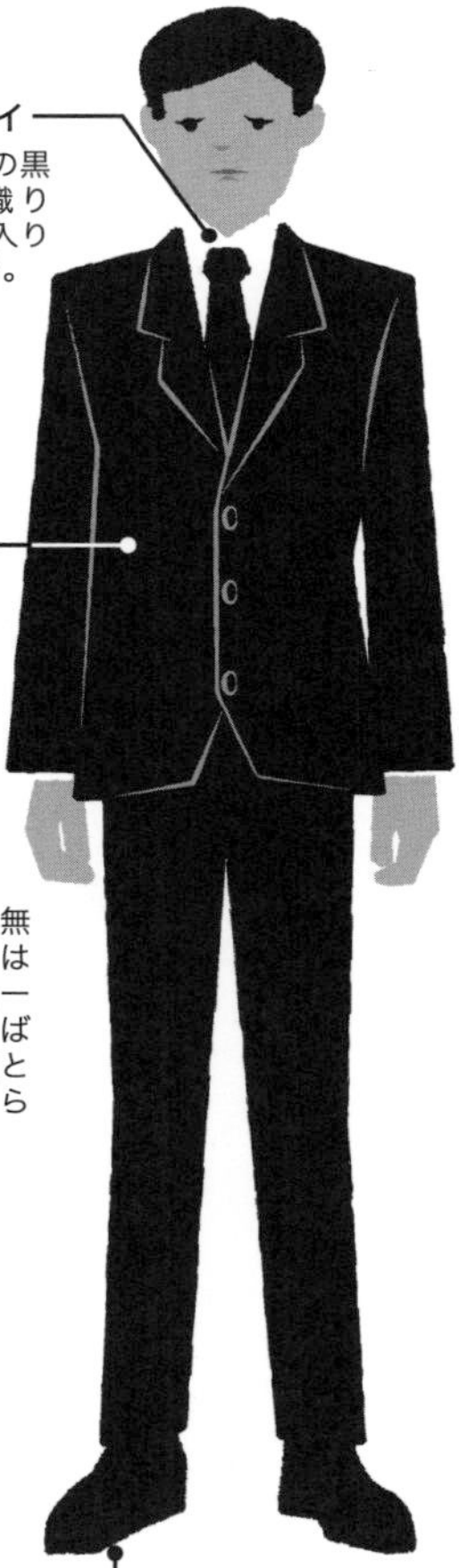

濃い色の無地のスーツ
（ダークスーツ）
ネクタイ
弔事用の黒無地（織りの模様入りはＯＫ）。
スーツ
濃い色で無地のものは「ダークスーツ」と呼ばれ、略礼装として認められている。
靴
黒のひも革靴が正式。光る金具のついていないものを選ぶ。

シーン別・男性参列者の服装の例

通夜	濃い色の無地スーツ、略礼服
葬儀告別式	略礼服、濃い色の無地スーツ
一周忌まで	濃い色の無地スーツ
三回忌以降	濃い色の無地スーツ

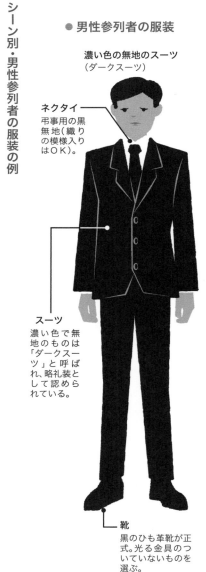

参列者の
場合

服装のマナー
学生や子どもは制服着用が基本

● 制服がないとき・乳幼児の服装

制服がないときや乳幼児は、地味な色でまとめればＯＫ。大学生以上の子どもは、一般参列者と同様の装いにととのえる。

● 小中学生・高校生の服装

制服があれば、それを着用。金ボタンはそのままでよいが、気になるときは、ボタンに黒い布をかぶせてとめると「即席くるみボタン」になる。

Column

こんなときはどうする?
喪服のマナー

パールのネックレスは必須アイテムではありません

アクセサリーは「つけるのが正式」ではなく「つけるとすれば、涙をあらわす真珠や、欧米で用いられる黒いジェット(化石化した流木)ならOK」という位置づけです。なお、長いネックレスを二重にするのは「不幸が重なる」ことを連想させるためNGとされています。

フォーマル売り場以外で買うときは「黒」の色味に注意

喪服の基本は「肌をなるべく露出させない」「光沢や装飾を避ける」ことです。えり元が大きくあいたデザインは避け、レースやリボンが目立たないものを選びます。さらに気をつけたいのは「黒」の色味です。喪服の生地には、和服のちりめんに近い深い黒色が用いられることが多く、一般の黒い服の「黒」が明るく浮いて見えることがあります。購入時には光にかざして色味をチェックしましょう。

妊娠中は黒色にととのえることを優先させて

マタニティ用の喪服は一般的ではないだけに、正式な喪服が「死を予期していたかのように用意周到」という誤解を招くおそれもあります。黒色のトップスとレギンスというスタイルでかまわないでしょう。ちなみに「妊娠中に葬儀に出席するのは不吉」という俗説がありますが、手鏡の鏡面を外側に向けておなかに当てておけば悪霊をはね返すといわれています。俗信を気にする親族がいるときなどは「鏡を入れています」とにこやかに対応するのが賢明です。

ネイルアートははずすか手袋で隠しましょう

爪のマニキュアは落とすのが原則です。しかし、サロンでジェルネイルなどを施術しているときは、自分では処理できません。遺族の場合は、サロンで落としてもらいますが、一般参列者なら黒のフォーマル手袋で隠すか、マットなベージュのマニキュアを上から塗って対応するとよいでしょう。焼香時には手袋をはずしますが、神式の玉串奉奠や献花のときは手袋のままでかまいません。

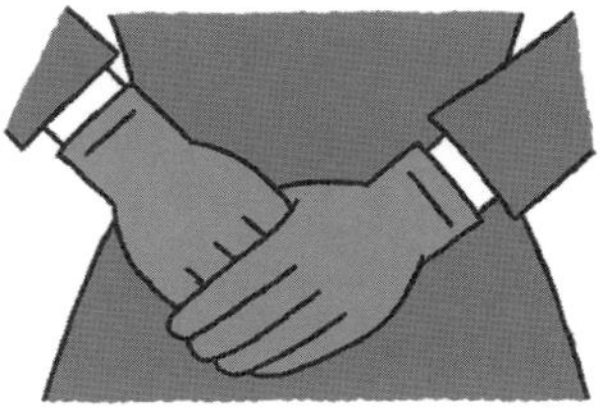

遺族・参列者の場合

服装のマナー

法要の装いは段階的に平服に近づけていきます

法要の規模や会場、地域の慣習にもよりますが、女性の場合、一周忌までは、遺族・参列者ともに喪服を着用するのが基本です。三回忌以降は「濃紺やダークグレー」「小さな模様入り」など、徐々に平服に近づけていきます。男性の場合は、遺族の一周忌までを除き、濃い色の無地スーツを着用すればＯＫです。

【男性】

遺族の三回忌以降と参列者は濃い色の無地スーツ

ネクタイ
地味な色で柄が小さいものを。黒一色の喪服用ネクタイは締めない。

色柄
黒、濃紺、ダークグレーなどで、できれば無地。目立たないストライプ程度ならＯＫ。

【女性・和装】

小物は黒ずくめではなく、和服や帯の色に合わせて地味にととのえる

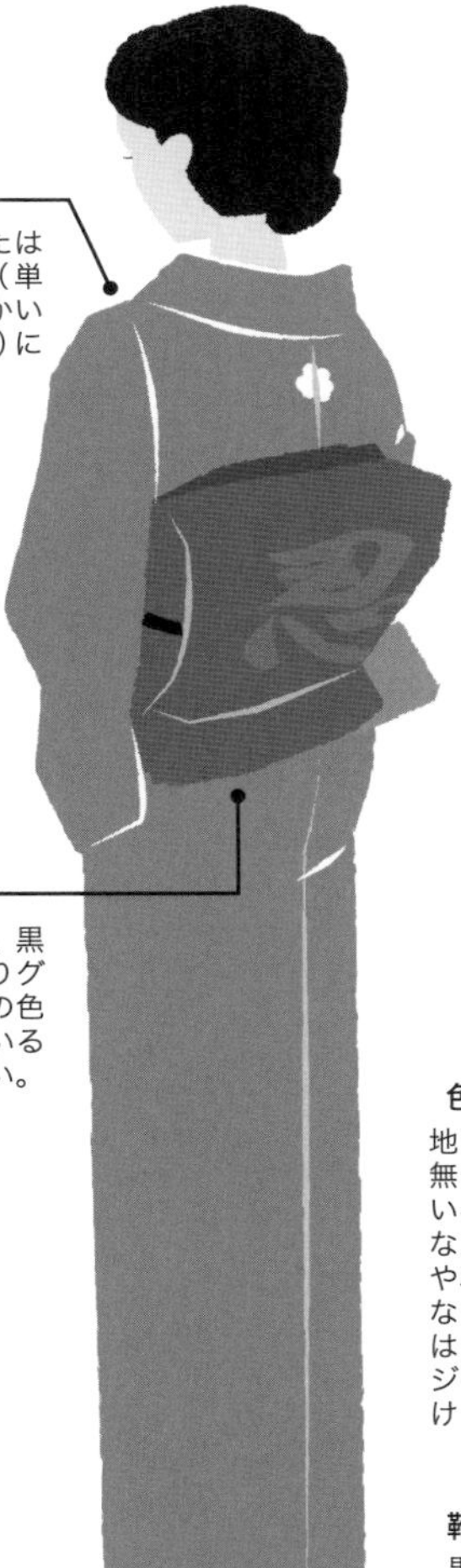

和服

色無地または江戸小紋(単色のこまかい柄の小紋)に一つ紋。

帯

法要には、黒の喪帯よりグレーなどの色喪帯を用いることが多い。

【女性・洋装】

地味な色合いのフォーマルスタイルで

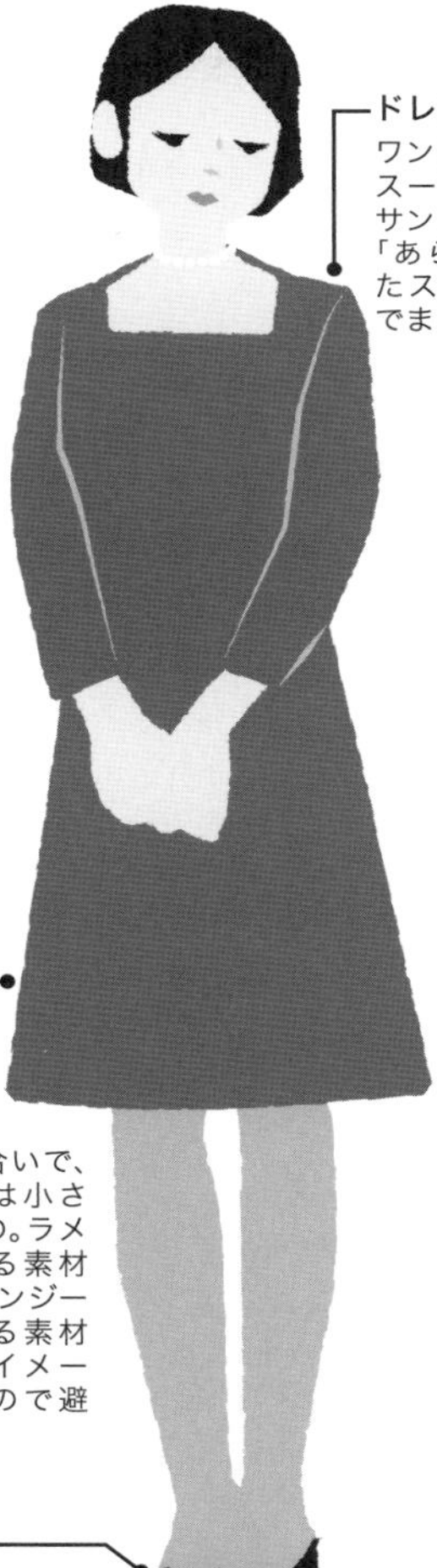

ドレス

ワンピースやスーツ、アンサンブルなど「あらたまったスタイル」でまとめる。

色柄

地味な色合いで、無地または小さい柄のもの。ラメなどの光る素材や、オーガンジーなど透ける素材は慶事のイメージが強いので避ける。

靴

黒のパンプスが基本。サンダルやブーツはカジュアルなのでふさわしくない。

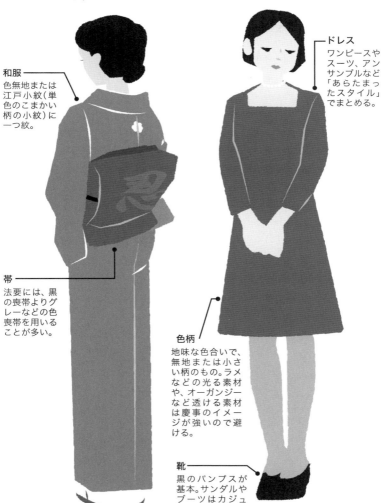

遺族

お金のマナー

お布施の額は事前に確認するほうがよい

直接、または葬儀社を通して僧侶に尋ねてみましょう

葬儀を行う際、いちばん迷うのはお布施の額といわれます。お布施は、ひとりひとりが自発的に行う仏教の「行」のひとつです。そのため「平均額」や「目安」を出しにくく、親族や葬儀社に尋ねる方法では的確な答えを得ることができません。迷うなら、お寺さんにお尋ねしましょう。

遺族「お布施は、どのぐらいお包みすればよろしいでしょうか」

僧侶「お気持ちで」(自発的な「行」のため、多くのお寺さんはこう答えます)

遺族「お布施の本来の意味からは、そのようなお答えをいただくのは当然ですが、私どもでは判断がつきませんので」

と重ねて尋ねれば、おおよその金額を示してくれることもあります。直接聞きにくいときは、葬儀社を介して尋ねても

お布施の金額の考え方

- ○ 僧侶に直接尋ねる
- ○ 葬儀社を通じて僧侶に尋ねてもらう
- △ 同じ寺院で葬儀を行った親族に尋ねる
- × 葬儀社に目安を尋ねる

よいでしょう。お布施の額のほか、次の3点についても確認しておきます。

＊戒名料の額と包み方（お布施といっしょの包みか、別包みか）
＊精進落とし（還骨法要後の会食）に出席していただけるか
＊お布施を渡すタイミング（本来は後日持参するが葬儀の日に渡すことが多い）

お布施以外の包みは必要に応じて準備

●戒名料（宗派により法名料、法号料）
「お布施とは別の包みで」と指示されたら準備します。

●御車料（交通費）
寺院以外で葬儀を行うときに包みます。

●御膳料（食事代）
事前に僧侶へ「精進落とし（還骨《かんこつ》法要後の会食）に出ていただけるか」を確認し、欠席の場合に包みます。御車料、御膳料はそれぞれ5000〜2万円が相場です。

包みはお盆にのせて渡す

すべて白封筒に入れ、必要な包みを順に重ねて、小さなお盆（名刺盆）にのせて渡します。

御布施　神田
戒名料　神田
御車料　神田
御膳料　神田

1枚目（全員）、2枚目（必要なら）、3枚目（遠方なら）、4枚目（会食に出ないなら）

遺族

お金のマナー

お世話になったかたへのお礼の金品のととのえ方

品物にかけるなら無地短冊がおすすめ

「のし紙」は慶事用なので、葬儀関連のお礼の金品には使いません。黒白結びきりの水引に「志」の表書きは、宗教を問わずに使えますが、香典返しにも同じ表書きを使用することが多いため、誤解を与えるおそれもあります。「これは香典返しではなく、お世話になったお礼です」という意図をはっきりさせるためには、無地短冊に「御礼」と記すのがよいでしょう。

● お世話になったかたへのお礼の目安

お世話になった相手	お礼の金品の目安と考え方
葬儀の世話役・受付係・会計係など	5000～2万円程度の商品券・カタログギフト
駐車や裏方に協力してくれた人	1000～3000円程度の菓子折りやタオル(消耗品)
故人の勤務先	部署の人数分の個別包装のお菓子など
葬儀の司会者	「心づけ」を渡すかどうかは、地域によって慣習が違うので事前に葬儀社に確認します。お渡しする場合は、3000～5000円を白封筒に入れ、最初に「本日はよろしくお願いいたします」と手渡します。
霊柩車・マイクロバスの運転手	
火夫(火葬技師)	
火葬場の控え室の担当者	

◎ **無地短冊に「御礼」**

短冊は、通常は品物の右上に貼ります。しかし、弔事の場合は、何事もふだんとは逆にするという考えから、左上に貼るのがならわしでした。ただし近年は、慶弔を問わずに右上に貼る場合もあります。

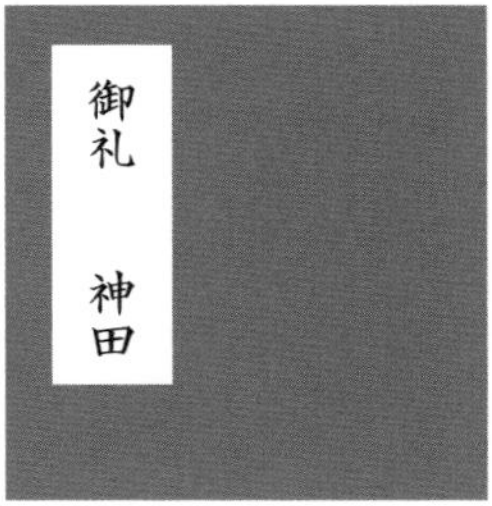

〇 **黒白結びきりの水引のかけ紙に「志」**

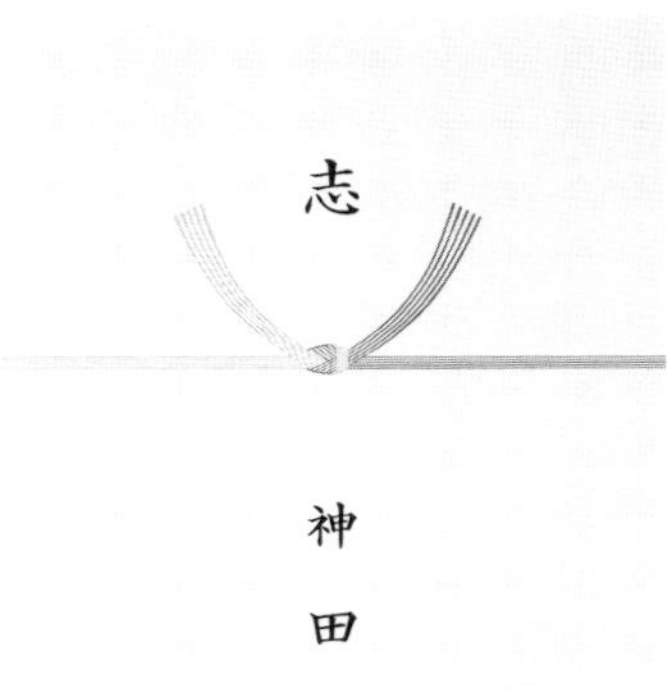

× **紅白のし、わらびのしは慶事用**

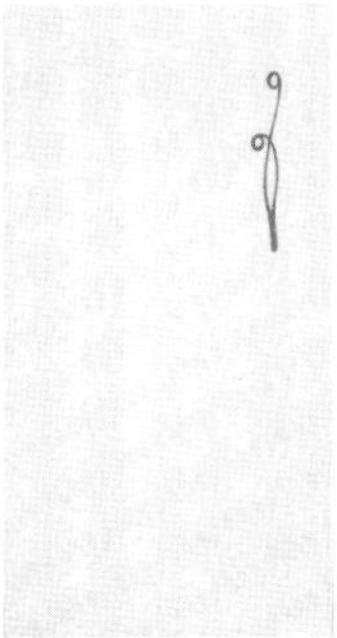

（「わらびのし」とは「のし」の文字がわらびに似ていることから生まれたもの）

仏式以外の謝礼も白封筒に

表書きが異なるだけで、金額については宗教者に尋ねるほうがよいのは仏式の場合と同じです。

神式（御祭祀料、御榊料とも）

キリスト教式（教会へのお礼は「献金」、聖歌隊やオルガン奏者へのお礼は「御礼」とする場合が多い）

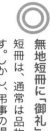

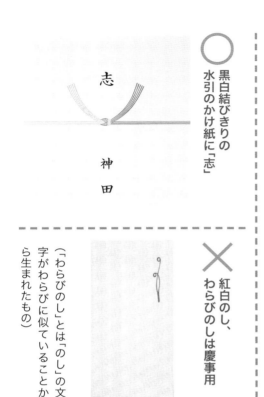

参列者の場合

お金のマナー

不祝儀袋（香典袋）の種類と表書きの基本

「御霊前」の表書きはオールマイティーではありません

「御霊前」は、仏式・神式・キリスト教式、どの宗教でも使えるといわれることがあります。しかし、仏教宗派によっては「御霊前」はＮＧとされています。

【表書き】
「御霊前」は、浄土真宗では用いない。宗派がわからないときは「御香奠（香典とも書くが正式には奠を使う）」または「御香料」。仏前へのお供えの代表格である「香」をたむけるという意味になる。

【水引】
仏式と神式の葬儀では黒白（または銀一色）結びきり。京都の文化が伝わる地域では黄白の水引を使う場合もある。白一色の水引は神式専用、花や十字架が描かれた袋はキリスト教式専用。

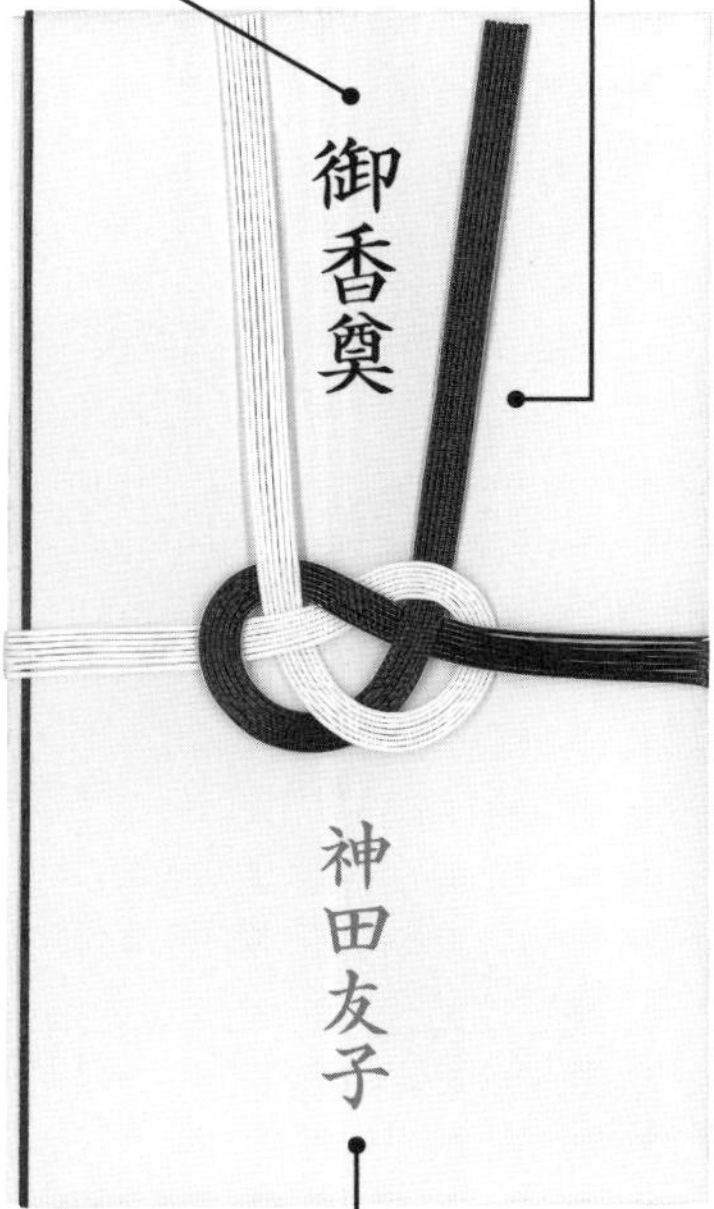

【名前】
筆または筆ペンを使い、フルネームを、表書きよりやや小さめの文字で。薄墨にするのは、「涙で墨が薄まるから」または「墨を十分にする間もなく駆けつけるから」とされる。

■夫婦（親子）連名で包むとき

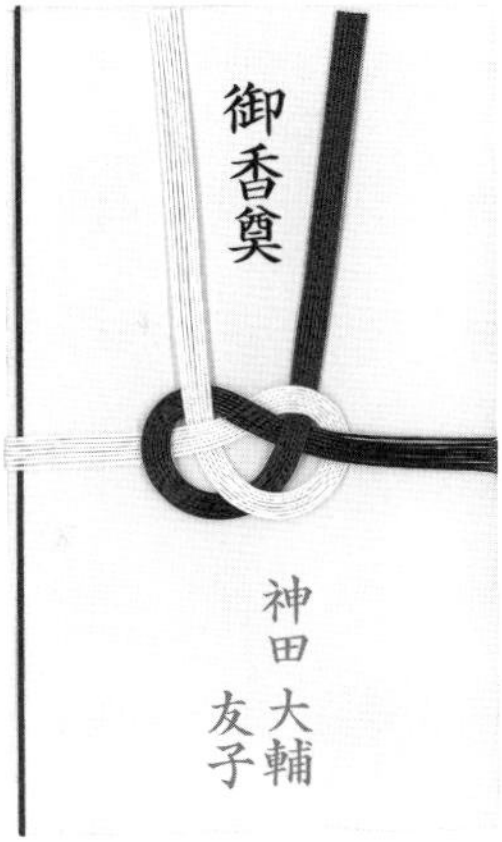
御香奠
神田 大輔
友子

中央に１人目、その左に２人目の名前を書く。ただし、親子の場合、子どもが同居していても既婚のときは、親子別々に包むのがよい。

■グループで包むとき

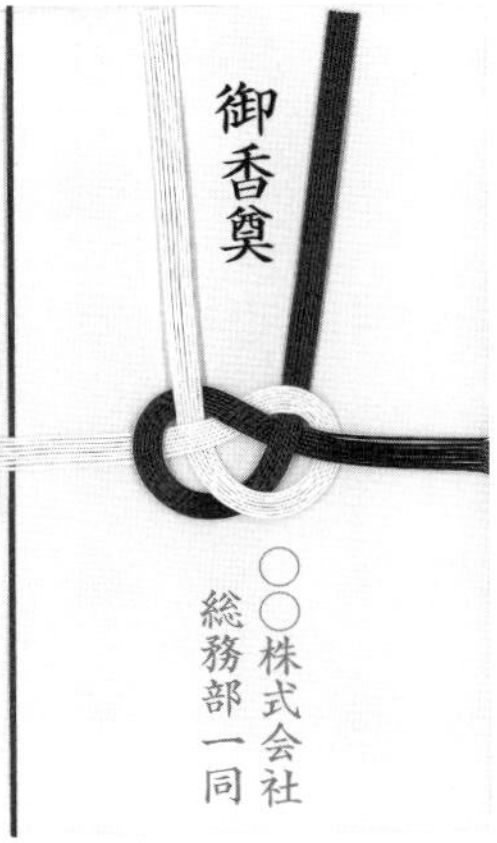
御香奠
○○株式会社
総務部一同

３人までは連名でよいが、４人以上の場合は図の例のほか「神田一郎　他一同」「○○中学校同期有志」として、袋の中に全員の名前を書いた紙を入れる。総務部や同期という集合の、全員分を包むときは「一同」、賛同者だけの場合は「有志」。厳密には「有志一同」ではなく、どちらかだけにする。

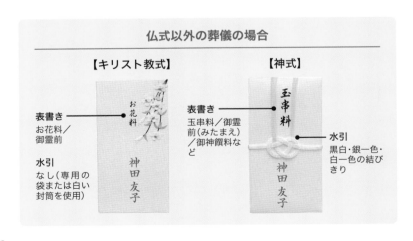

仏式以外の葬儀の場合

【キリスト教式】

表書き
お花料／御霊前

水引
なし（専用の袋または白い封筒を使用）

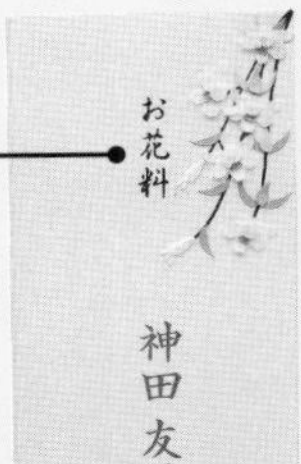
お花料
神田友子

【神式】

表書き
玉串料／御霊前（みたまえ）／御神饌料など

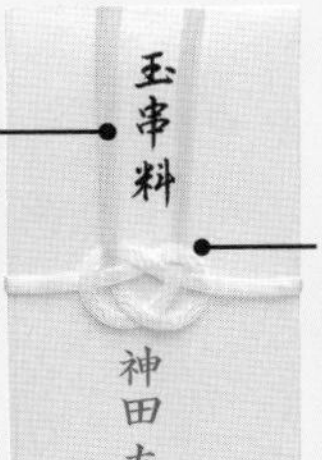
玉串料
神田友子

水引
黒白・銀一色・白一色の結びきり

参列者の場合

お金のマナー

不祝儀袋のととのえ方と扱い方

お金の入れ方と袋のととのえ方

❶ 新札の場合は折り目をつけてから

香典に新札(ピン札)を使うのは、あらかじめ準備しておいたようでNGとされますが、クシャクシャのお札を使うのも見苦しいものです。新しめの札に折り目をつける程度にしましょう。

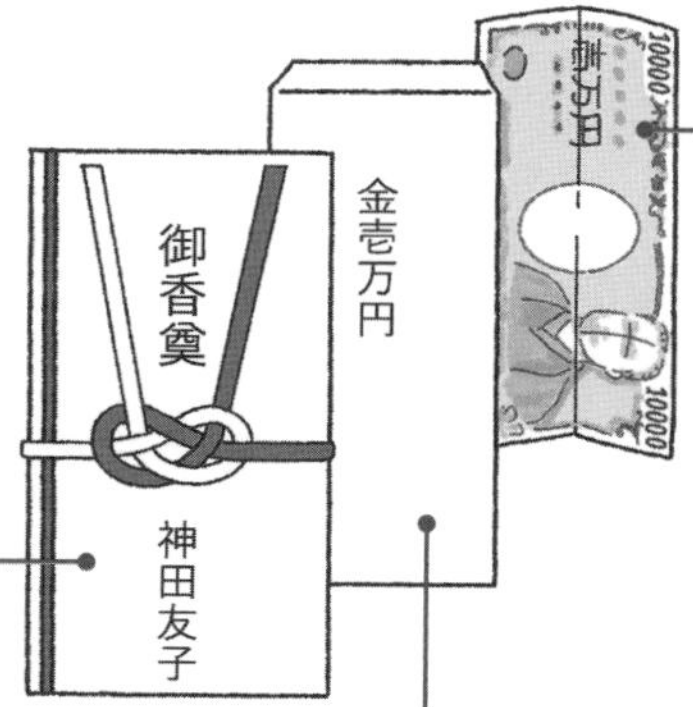

❷ 中袋の表には金額、裏には住所氏名を書く

遺族側が香典の整理をする際に、金額・住所・氏名が必要になります。袋に記入欄があればそこへ、なければ、表に金額、裏に住所氏名を書きます。薄墨でなくてOKです。

❸ 上包みは下向きにととのえる

下部を折り上げてから、上部をかぶせ、水引をかけます。ちなみに、お祝いごとに使う祝儀袋の場合は、逆にします。「喜びは上向き、悲しみは下向き」と覚えておきましょう。

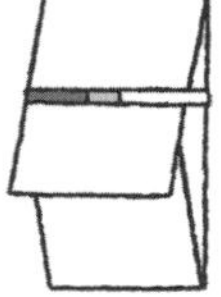

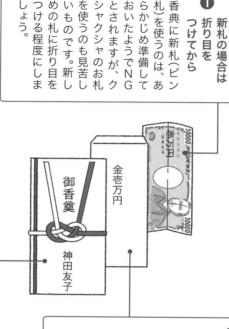

袋は、ふくさに包んで持ち歩きましょう

不祝儀袋をむき出しのまま、あるいは買ったときに入っていたセロハン袋に入れて持ち歩くのは見苦しいものです。ふくさ(裏表2枚合わせの小さな絹布で、茶道で用いる)、または袋をのせるお盆のような板がセットになっている「台つきふくさ」に包んで持参しましょう。封筒状の金封ふくさは略式ですが、扱いやすいので便利です。

不祝儀袋を持ち歩くときのふくさの包み方

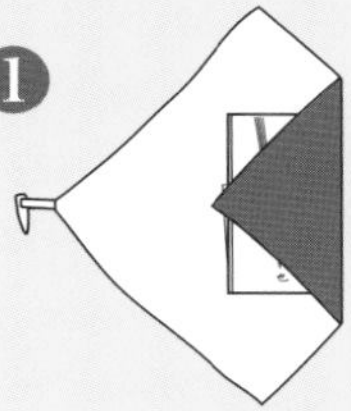

❶ ツメを左にして袋をおき、右側をかぶせる。

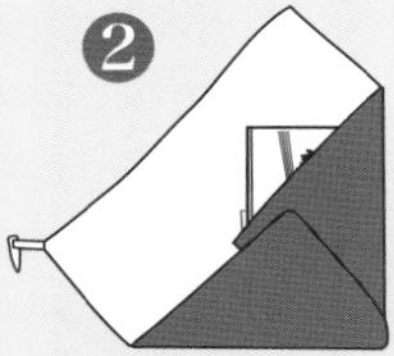

❷ 下側をかぶせる。

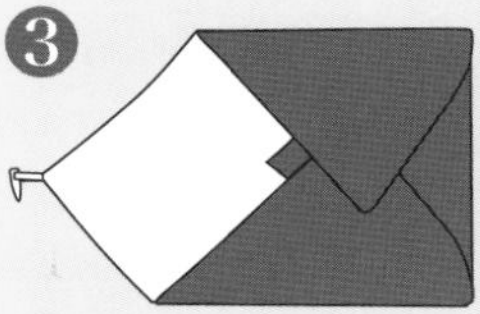

❸ 上側を折ってかぶせる。

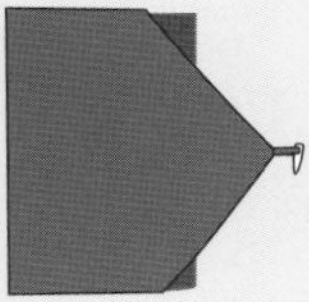

❹ 左側をかぶせ、ツメをとめる。

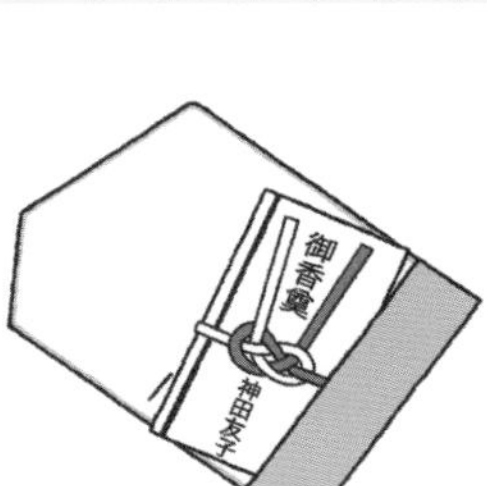

金封ふくさは左からふたをかぶせる向きで使う

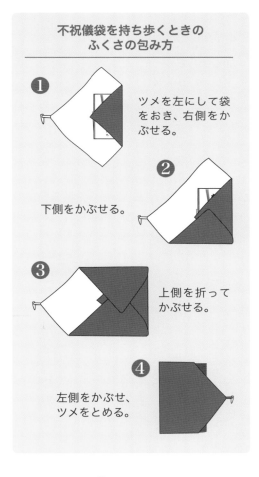

参列者の場合

お金のマナー

「香典をいくら包むか」は地域の慣習も考えて

祖父母や親、兄弟姉妹を亡くした場合、自分の立場は「遺族」です。しかし、すでに結婚しているなら世帯は別という考えにもとづき、香典を包みます。ただし、親の葬儀の費用をきょうだいで分担するときは、香典という形ではない支出となります。

「いくら包むか」は、全体の最多回答額を基本にしながら、地域性も考慮して決めましょう。迷うときは、自分と同じ立場の人に相談するのが賢明です。

● 地域別・香典の平均額(単位:円)

地域	祖父母	親	兄弟姉妹	おじ・おば	職場関係	友人
北海道	12,920	42,957	＊＊＊	14,447	6,060	7,795
東北	6,460	56,306	34,217	13,673	5,522	5,715
北関東	15,143	46,333	42,150	18,138	5,200	5,936
東京	15,451	55,147	＊＊＊	20,875	5,878	7,018
南関東	15,852	＊＊＊	37,778	17,786	5,703	6,067
中部	24,670	39,943	46,750	19,402	5,082	6,139
近畿	12,273	33,966	35,577	25,050	5,290	4,354
中国	17,433	94,429	41,000	17,841	4,947	5,299
四国	15,024	38,529	24,286	15,581	5,778	9,393
九州	11,052	53,736	45,500	10,905	4,949	5,306
全体の最多回答額	10,000	100,000	30,000	10,000	5,000	5,000

一般社団法人全日本冠婚葬祭互助協会調べ(2016年、＊＊＊部分は集計なし)

参列者の場合

お金のマナー

供物・供花などを贈るとき

参列して香典を贈るなら基本的には不要

次の❶〜❸に該当する場合は、供花《くげ》や弔電《ちょうでん》を贈ることを検討しましょう。

❶親族代表の立場の人（「本家」の家長など）※参列する場合、弔電は不要。

❷葬儀に参列できない近親者

❸故人や遺族の勤務先・所属団体・関係団体（参列するか否かにかかわらず）

また、小規模な葬儀で、スペースなどの関係から供物や供花を辞退する旨の連絡があったときは、遺族の気持ちをくんで供物や供花は贈りません。

供花の注文先は葬儀の会場に確認して

近年は、葬儀社のビジネスのために、生花店を指定しているケースが多くなっています。そのため、地域によっては、指定生花店以外で作られた花の持ち込みを断られたり、持ち込み料を払わなくてはならなかったりすることがあります。まず、斎場に、生花店の指定の有無を問い合わせるのが得策です。

遺族・参列者の場合

お金のマナー

法要のときの表書きと金額の目安

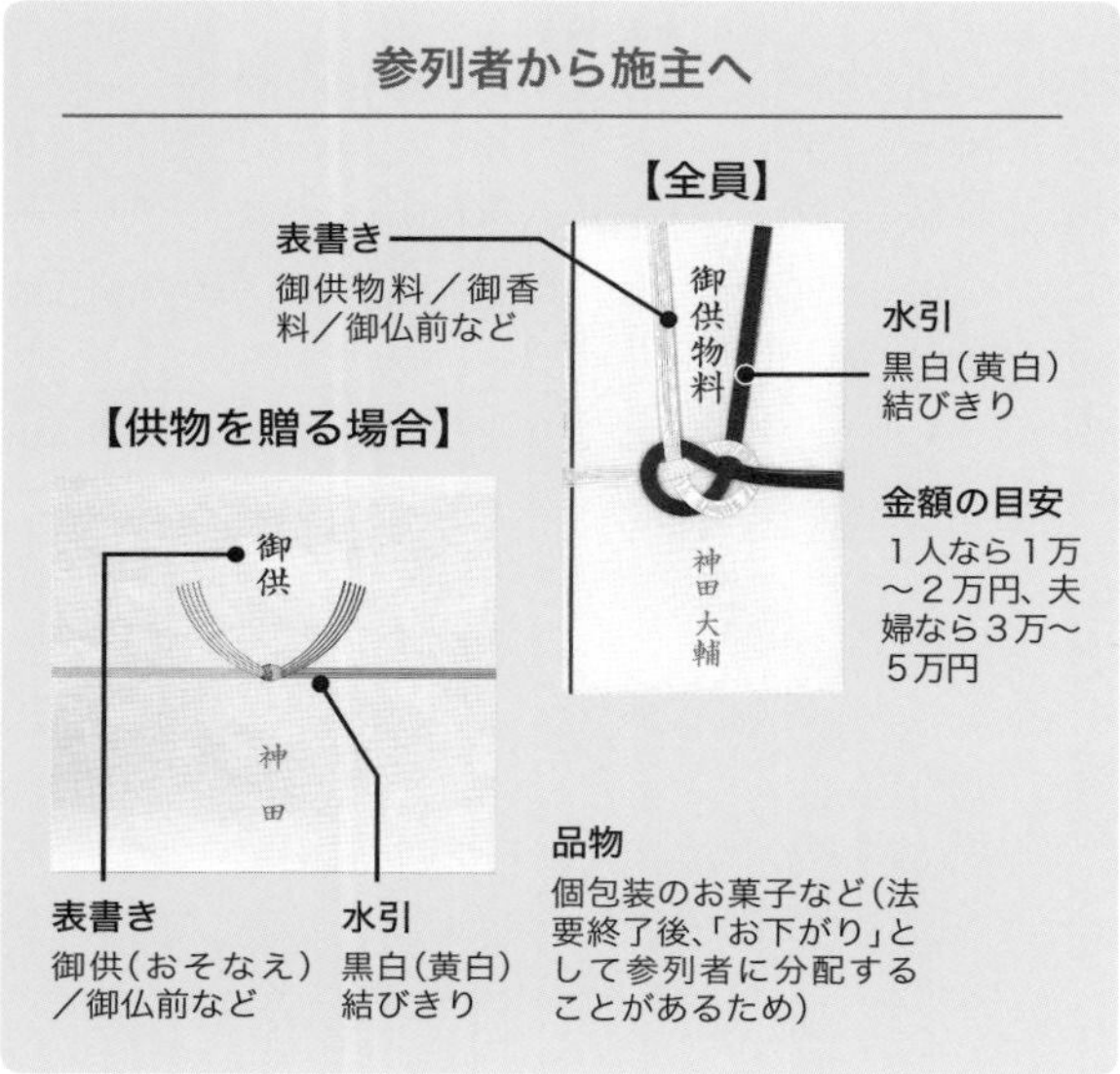
参列者から施主へ
【全員】
表書き
御供物料／御香料／御仏前など
御供物料
水引
黒白（黄白）結びきり
金額の目安
１人なら１万～２万円、夫婦なら３万～５万円
神田大輔
【供物を贈る場合】
御供
神田
表書き
御供（おそなえ）／御仏前など
水引
黒白（黄白）結びきり
品物
個包装のお菓子など（法要終了後、「お下がり」として参列者に分配することがあるため）

「四十九日法要までは『御霊前』、その後は『御仏前』は宗派によってはNG

四十九日で成仏するので、その前は「霊」、あとは「仏」にする、といわれることがあります。しかし、浄土真宗の場合は「霊」としてさまようことなく、すぐに成仏するとし、さらに「御仏前」として仏に現金を供えるのは失礼と考えられています。そのため、相手が浄土真宗、または宗派が不明の場合は、香典なら「御香奠」「御香料」、法要の場合は「御供物料」「御香料」とするのがマナーにかなった表書きとなります。

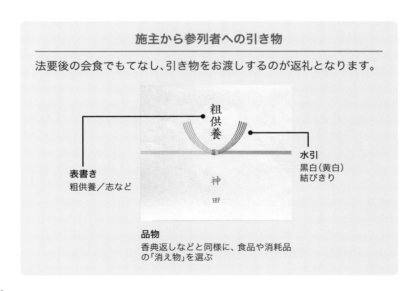

● 施主から僧侶へ

必要に応じて白封筒に入れ、①→④の順に重ねてお盆にのせて僧侶に渡します。

① 御布施
法要を営んでいただいたお礼(全員がお包みする)

② 御塔婆料
(浄土真宗以外で)卒塔婆供養を行う場合に必要

③ 御膳料
法要後の会食に僧侶が出席しない場合に必要

④ 御車料
寺院以外の場所で法要を営んだ場合には必要

施主から参列者への引き物

法要後の会食でもてなし、引き物をお渡しするのが返礼となります。

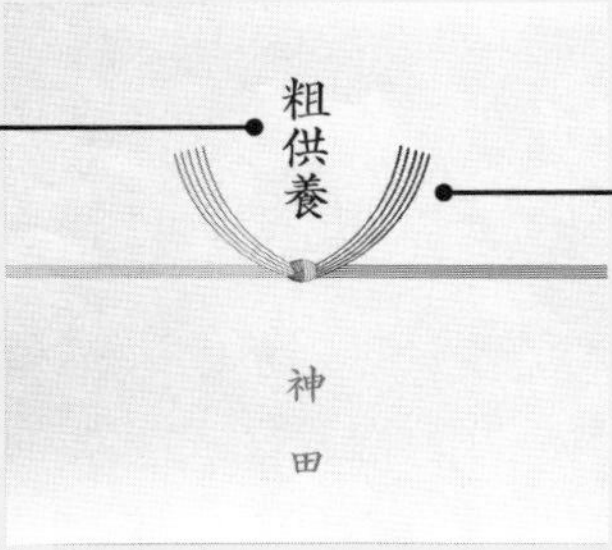

表書き
粗供養／志など

水引
黒白(黄白)
結びきり

品物
香典返しなどと同様に、食品や消耗品の「消え物」を選ぶ

遺族・参列者の場合

お参りのマナー

【仏式】焼香の作法と数珠の扱い方

葬儀や法要では、刻み香(粉状の香)で焼香をします。「香をつまんだ指を額までおしいただき、2~3回香炉にくべる」方法が一般的ですが、正式な作法は宗派によって違い、統一ルールはありません。参列者は、先に焼香した人の作法をまねることが多いので、喪主・施主は、事前に僧侶に確認しておくとよいでしょう。

● 焼香の基本的な作法

❶

数珠は左手に持つ。僧侶に手を合わせて一礼、遺族にも軽く一礼して祭壇の前に進む。

❷

遺影を仰いで手を合わせて一礼してから、右手の親指、人さし指、中指の3本を使って香をつまむ。

❸

❹

香をつまんだ指を額まで押しいただいて、香炉にくべる。これを２～３回繰り返す。ただし、浄土真宗では、香を押しいただかない。

❺

再び遺影を仰ぎ、手を合わせて一礼する。一歩下がってから方向転換し、僧侶と遺族に軽く一礼（頭礼）してから席に戻る。

右手を数珠の中に入れるかどうかのルールはない

一般的に使われている数珠は略式のため、扱い方の決まりはありません。A、Bどちらの方法でもOKです。

A

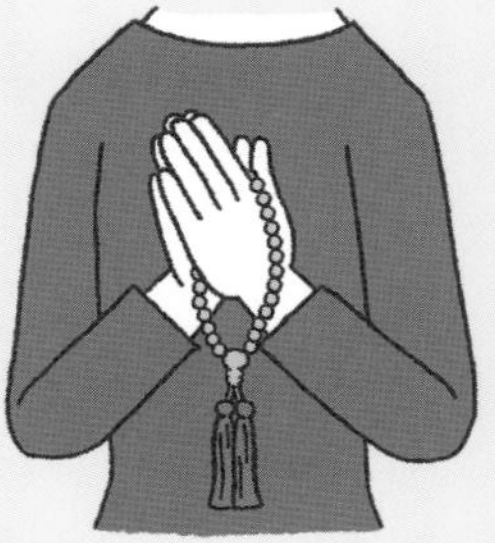

左手に数珠をかけ、右手を添えるように合わせる。

B

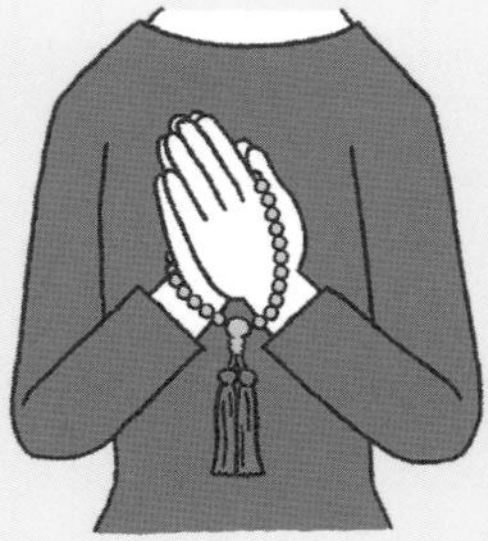

合わせた両手に数珠をかけ、親指で軽く押さえる。

遺族・参列者の場合

お参りのマナー

【仏式】仏壇へのお参りの仕方と線香のあげ方

仏壇にお参りすることを「お勤め」といいます。仏壇のある家では、毎朝（できれば朝晩2回）は次の手順で「お勤め」をし、いただき物のお菓子などがあれば、まず仏壇にお供えするという習慣をつけたいものです。

お勤めの作法（宗派による違いなどはお坊さんに確認します）

1. 仏壇の扉を開ける
2. 仏飯（とお茶または水）を供える……供えるものは宗派によって異なる。
3. ろうそくをともし、線香をあげる（左ページの図参照）
4. りんを鳴らす……宗派や寺院によって作法が異なる。
5. お経・念仏を唱える……唱える言葉は、宗派によって異なる。
6. りんを鳴らす……お経をあげない場合は、2回目のりん

は不要とされる。

7. 合掌・礼拝……手を合わせて頭を下げる。

8. ろうそくの火を消す……手であおいで消す。息を吹きかけて消さないこと。

9. 仏飯をおろして退席……朝昼飯のとき「お下がり」としていただく。

10. 就寝前に仏壇の扉を閉める……できれば3～8のお勤めを行ってから閉める。

線香のあげ方（仏壇や祭壇にお参りするとき）

❶

右手で線香をとって、ろうそくの火を移す。浄土真宗の場合、香炉が小さければ線香を２～４つに折り、短くしてから火を移す。

❷

線香を左手に持ちかえ、右手であおぐか、下または後方にスッと引いて火を消す。

❸-A

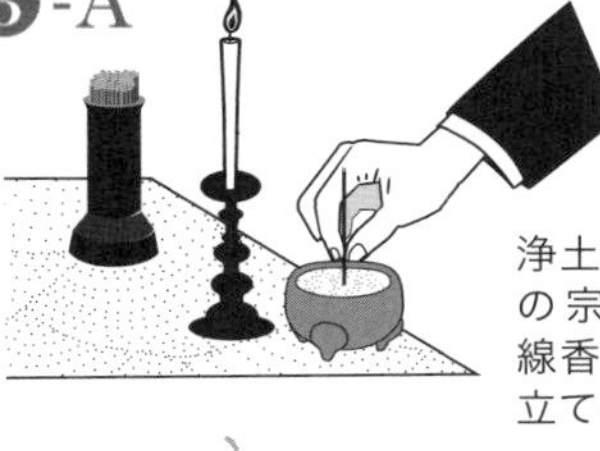

浄土真宗以外の宗派では、線香を香炉に立てる。

❸-B

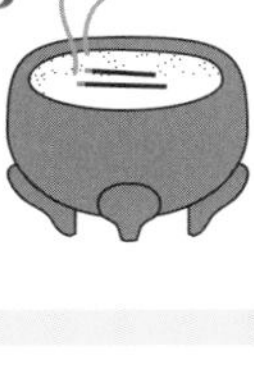

浄土真宗では、火のついた側を左にして香炉にねかせる。

遺族・参列者の場合

お参りのマナー

【仏式】お墓参りの作法

お墓参りは、いつ行ってもかまいません。お盆や春秋のお彼岸に行うことが多いのは、この時期には先祖と交流できると考えられているためです。

先祖の供養をするのが目的ですが、同時に、先祖から与えられた生命に感謝して、自分や家族のために祈るという意味もこめられています。

準備するものチェックリスト

1. 清掃用具

- □ 手桶、ひしゃく（墓地に供えられているときは不要）
- □ 庭ぼうき
- □ スポンジ、たわし、歯ブラシ、タオル
- □ 植木ばさみ
- □ ゴミ袋

2. 礼拝のための仏具など

- □ ろうそく（２本以上）、風よけカバー
- □ 線香（１～２束、結束したまま使う）
- □ 着火道具（柄の長いライターが便利）
- □ 数珠（参拝者が１人１連ずつ）

3. 供え物

- □供花（同じもの２束で１組）
- □ 供物（お菓子や飲み物）、下に敷く半紙か紙皿

●お墓参りの作法

1　墓前で一礼して合掌

(いきなり清掃を始めず、まず祖先や故人にあいさつをする)

2　清掃

①周辺の植木を刈り込んで雑草を抜き、庭ぼうきで清掃する。

②墓石にひしゃくで水をかけ、スポンジなどで汚れを落とし、タオルで水気をふきとる。

3　供物と仏具をととのえる

①花立てに水を満たして供花を飾る。

②供物は半紙や紙皿にのせて、墓の台石の中央に供える。

③ろうそくを立て、火をともす。

④線香は束のままで、ろうそくの火を移し、その場にいる人で分け持って、ひとりずつ香炉に入れる。

4　お参りする

①故人と縁の深い人から順にお参りする。

②ひしゃくの水を墓石にかける。

③墓前でしゃがむなど低い姿勢をとって、数珠を手にかけて拝む。

遺族・
参列者の
場合

お参りのマナー

【神式】手水の儀・玉串奉奠・拝礼の作法

神式の葬儀では、会場に入る前に身を清める「手水《ちょうず》の儀」を行います。通夜、葬儀では、仏式での焼香にあたるものとして「玉串奉奠《たまぐしほうてん》」を行い、「拝礼」します。玉串とは、榊の枝に紙垂《しで》という紙片を下げたもので、神の霊が宿るとされています。

手水の儀

❶

右手でひしゃくを持って水をくみ、左手にかけて洗い清める。

❷

ひしゃくを左手に持ちかえ、再び水をくんで、右手にかけて洗い清める。

❸

再びひしゃくを右手に持って、くんだ水の半量ほどを、左の手のひらに注ぎ入れる。

❹

ひしゃくを手に持ったまま、口を静かにすすぎ、ひしゃくに残った水は左手に流す。

❺ 懐紙が渡されるので、口元と手をぬぐう。

● 玉串奉奠と拝礼

❶

玉串を持ち、案(玉串をおく台)の一歩手前に立つ

右手で、玉串の根元近くを上からつかみ、左手は玉串の先のほうを下から支え持つ。左側が少し高くなるように傾け、ひじを張りぎみにして胸の高さで持つ。

❷

時計回りに回転させ、両手で玉串を持つ

右手を手前に引きおろすようにして90度回転させ、左手も下げて、根元を両手で持つ。玉串の表側が自分に向き、両手で手鏡を持っているような姿勢になる。

❸

さらに時計回りに回転させ、根元を祭壇に向ける

右手を離し、玉串を下から支え持って、時計回りに180度回転させて根元を祭壇に向ける。左手を離し、右手に添える。

❹

玉串をささげ、「二拝二拍手一拝」で拝礼する

一歩前に出て玉串を案の上に静かにおき、一歩下がって直立する。腰を90度まで折る深い礼を２回(二拝)、胸の高さで両手を合わせ、右の指先を少し下にずらして２回手を近づけ(二拍手・通常は手を打ち鳴らすが、葬儀での拝礼は音を立てない「忍び手」で行う)、再び深く礼をする(一拝)。

遺族・参列者の場合

お参りのマナー

【キリスト教式・無宗教葬儀など】献花の仕方

キリスト教式の葬儀では、祭壇にカーネーションや菊などの白い花をささげる「献花」が行われます。ただし、これはキリスト教本来のしきたりではなく、仏式での焼香や神式の玉串奉奠にあたる儀式として生まれたものです。近年は、無宗教の葬儀や慰霊祭などでも、献花が行われています。

❶

花が右になるように受けとる

茎の中ほどを右手で下から支え持ち、左手は根元を上から持って、献花台の前に進む。

❷

花を時計回りに回転させて献花台におく

祭壇に一礼し、花の根元を祭壇に向けて、静かに献花台におく。

❸

黙祷してから自席に戻る

頭を下げて、もしくは胸の前で手を組んで祈る。終わったら一歩下がって一礼し、遺族や牧師（神父）にも軽く一礼してから席に戻る。

Column

仏式以外の葬儀に参列するときに気をつけたい5つのNG

❶ 蓮の花が描かれた不祝儀袋を使わない

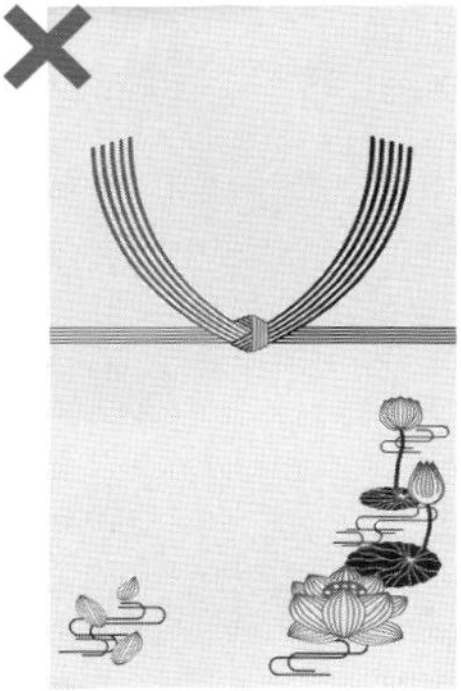

ハスは、仏の慈悲の象徴とされる花です。仏式以外の葬儀では、無地の不祝儀袋を選びましょう。

❷ 「御香奠」「御香料」の表書きを使わない

「香」は、仏教で用いる供え物です。「香典」という言葉は一般化していますが、表書きに「香」の字を使うのは控えます。

❸ 「冥福」「供養」などの仏教用語や仏具を使わない

冥福(死後の幸福)、供養(死者のために供物をすること)、往生(この世を去って、極楽浄土に生まれること)、成仏(仏になること)などは仏教用語です。また、数珠は仏具なので、神式・キリスト教式葬儀ではいっさい用いません。

❹ 「ご愁傷さまです」「お悔やみ申し上げます」は使わないのが無難

神道やキリスト教では、死を嘆き悲しむものと考えていません。そのため、「ご愁傷さまです」(遺族に同情して言うあいさつの言葉)など、一般的に使われるお悔やみの言葉は不要とされています。

❺ 宗教的な言い回しにとらわれすぎない

自分が信者でないときは、神式の「御《み》霊《たま》」、キリスト教式の「神様の御許《みもと》へ」などの宗教的な表現を無理に使わず、「拝礼させていただきます」「お祈りさせていただきます」と簡潔に述べるほうが好感度大です。

杉本祐子（すぎもと　ゆうこ）
「くらし言葉の会」主宰。NHK文化センター札幌教室「わかりやすいと言われる文章の書き方」講座講師。1957年生まれ。津田塾大学卒業後、出版社勤務をへて、手紙や文章の書き方、冠婚葬祭のしきたりやマナーなどの編集や原稿執筆を行っている。主な著書に『心が伝わるお礼の手紙・はがき　マナー＆文例集』『ジーンと心に響く！　主賓・来賓・上司のスピーチ』『女性のための相続の手続きがきちんとわかるハンドブック』などがある（以上、主婦の友社刊）。

装丁	大薮胤美（フレーズ）
本文フォーマット	矢代明美
本文DTP	ローヤル企画
表紙イラスト	さいとうきよみ
本文イラスト	フジサワ ミカ　おのでらえいこ　佐藤ヨシヒロ　森 朋子（順不同）
撮影	主婦の友社写真課
編集担当	露木香織（主婦の友社）

心《こころ》のこもった葬儀《そうぎ》・法要《ほうよう》のあいさつと手紙《てがみ》 マナー＆文例集《ぶんれいしゅう》

令和２年８月31日　第１刷発行
令和６年10月10日　第７刷発行

著　者　杉本祐子《すぎもとゆうこ》
発行者　大宮敏靖
発行所　株式会社主婦の友社
〒141-0021　東京都品川区上大崎3-1-1 目黒セントラルスクエア
電話03-5280-7537（内容・不良品等のお問い合わせ）
049-259-1236（販売）
印刷所　大日本印刷株式会社

©Yuko Sugimoto 2020 Printed in Japan
ISBN978-4-07-444694-0

■本のご注文は、お近くの書店または主婦の友社コールセンター（電話0120-916-892）まで。
＊お問い合わせ受付時間　月～金（祝日を除く）10:00～16:00
＊個人のお客さまからのよくある質問のご案内　https://shufunotomo.co.jp/faq/

R〈日本複製権センター委託出版物〉

本書を無断で複写複製（電子化を含む）することは、著作権法上の例外を除き、禁じられています。

本書をコピーされる場合は、事前に公益社団法人日本複製権センター（JRRC）の許諾を受けてください。

また、本書を代行業者等の第三者に依頼してスキャンやデジタル化することは、たとえ個人や家庭内での利用であっても一切認められておりません。

JRRC〈https://jrrc.or.jp　eメール：jrrc_info@jrrc.or.jp　電話：03-6809-1281〉
※本書は、『心に響く葬儀・法要のあいさつと手紙 きちんとマナーハンドブック』（2017年刊）を改訂したものです。